日本人とは何者なのか、を問い続けて

有林重仁

人文書館

目次

第三章　かたがき化

第四章　建て（立て）前の論理と曖昧さ

序にかえて

果たして、私たち日本人は、どのような人間性を持ち合わせているのだろうか。果たして、私たち日本人は、どのような本性を、どのような人生観を持ち合わせているのだろうか。そして、どのような家族形態を、生活様式を持ち合わせているのだろうか。また、どのような思考行程を、行動形態を持ち合わせているのだろうか。どのような人間形成の過程を経て、日本人としての本質を育むことができたのだろうか。

これらの疑問を解明すべき命題として取り組み、答えを導き出した時、私たちは、日本人とは何者なのか、を知ることが可能となるであろう。

人間を形成する条件においては、いくつもの要因が加味されていることは疑う余地のないことであるが、特に重要視されていることは、人間は、その環境において、すなわち、その文化的土壌において形成されるということである。人間は、その文化的土壌において形成されるものであり、日本人は、日本の文化的土壌において日本人となるのである。そして、他国の人は、他国の文化的土壌において他国の人となるのである。アメリカ人は、アメリカの文化的土壌においてアメリカ人となり、フランス人は、フランスの文化的土壌においてフランス人となり、中国人は、中国の文化的土壌において中国人となり、メキシコ人は、メキシコの文化的土壌においてメキシコ人となるのである。

たとえば、純粋な日本人夫婦の間に誕生した子供が、まだ一歳に満たない時、何らかの理由で両親と切り離されてアメリカの地へ渡り、ある家族の養子にむかえ入れられたとする。アメリカの文化的土壌という環境下に身を置く彼は、年月を重ねて成長する中でアメリカ人となるのである。彼は、日本人の両親から受け継いだ遺伝的資質を百パーセント持ち合わせていても、日本人と同種の概念を育むことはなく、全てにおいてアメリカ人と同種の概念を育むのである。もし彼が二十歳の時遭遇したなら、外的要因である容貌は日本人と寸分違わぬ形をしていても、彼は日本人と同様のものの考え方をするのではなく、また、日本人と同様の行動形態を持つのでもない。彼は、純粋なアメリカ人として思考や行動を組み立て、アメリカ人としての価値基準を持ち、そしてアメリカ人として存在するのであり、まぎれもなく日本人ではないのである。同じように、純粋なアメリカ人夫婦の間に誕生した子供が日本へきて、日本の家族の中にむかえ入れられて成長した時、日本の文化的土壌という環境下に身を置く彼は、外的要因はともかくとしても、純粋な日本人になるのである。

文化は、私たち人間にとって、人間形成上最も重要な因子であるといえる。従って日本人をよく知るためには、日本人を育成してきた日本文化を考察し、日本文化の本質を見極めなければならない。私は、日本文化を理解し、前記のいくつかの疑問に照準を合わせて解明し、日本人とは何者なのか、を立証することを試みようとするものである。

私は、日本人とは何者なのか、を解明する命題として追究する中で、日本人とは対照を成す人々の存在を認識することができた。人生観、人間性、家族形態、思考行程、社会様式、行動形態……といったその国の文化的土壌に由来する事象において、日本人とは対照を成す哲学を所持する人々の存在である。現在この地上には二百を超える国々が存在する。そしていくつもの文化が存在し、いくつもの文化圏が存在する。そのほとんどの国や文化圏に存在する人々は、日本人とは対照を成す人々である、と定義づけることが可能である。私は、それらの人々が所持する多くの事例を取り上げ、比較対照することによって、より一層日本人を理解することが可能であると信じている。

二十一世紀はグローバルの世紀である、といわれて久しい。私たちが生息する（生活すること〔岩波広辞苑　第二版〕）この社会は、まさにグローバルの世紀の真っ最中にある、といっても過言ではない。どの国もそうであるが、私たちの国日本も、グローバルの世紀にふさわしい国際化した社会を作り上げなければならない。国際化した社会とは、視野や思想を国際的に拡張し、世界的に、あるいは地球規模的に物事をとらえることが可能な社会ということである。私たちはもはや、日本人だけに通用する価値基準にとらわれているわけにはいかない。日本という国の中だけで物事をとらえる時代は、終焉をむかえたといわなければならない。私たちが対峙するこの二十一世紀は、あらゆる領域でスピード観が要求される。なぜならあらゆる領域が加速度的に変化していくからである。そして、インターネットの普及等による情報の氾濫は、否応無しに個人的混乱を、社会的混乱を引き起こしかねない。何が本物なのか、何が偽物なのか、何が必要なのか、何が不必要なのか、何が利潤を生み出し、何が損失を生み出すのか、それらを瞬時に理解し適切に対応していかなくてはならない。二十一世紀は、今までの世紀とは大きな相違を持つことを、私たちの誰もが認識しなければならない。

今まで、保守的で閉鎖的な政策の下、国に守られてきたこの国の人々は、もはや安穏としているわけにはいかない。他国とは競争を承知の上で、他国とは摩擦を承知の上で、数多くの懸案に積極的に取り組んでいかなければならない。国の政策を頼りにするのではなく、この社会を構成する一人一人が、自分独自の政策を打ち立てなければならない。一人一人が活動能力を高めなければならない。そして、懸命さと勤勉さと強靭さによって、あるいは懐柔さによって、どの国の人々とも、どの文化圏の人々とも対等に渡り合っていかなければならない。またいつまでも外国人コンプレックスを所持しているわけにはいかない。アメリカ人コンプレックスを、中国人コンプレックスを、イギリス人コンプレックスを、フランス人コンプレックスを、ロシア人コンプレックスを……、所持しているわけにはいかない。誰もが目を見開いて国際情勢を、世界動向を見据えながら、世界のどの国の人々とも真正面から向き合っていかなければならない。

従って私たちは、日本人とは何者なのか、を知ることによって、あるいは、日本人とは対照を成す人々の存在を知ることによって、グローバルの世紀である二十一世紀を生きるものの一員として、生産的に今日を生き、有意義で価値ある行動をすることが可能である、と私は確信する。

第一章

「家」と日本文化

日本人にとって、「家」とは何か

日本人とは何者なのか、を解明する上で最も重要視されなければならないことは、「家」の存在である。「家」は日本人を日本人たらしめる本質であり、文化的土壌の根幹を成す重要かつ最大の因子である。私たちの日本文化は、「家」を主体に育まれてきた、と認識することが可能である。「家」は日本文化の形成に重要な役割を果たしてきた。「家」は日本文化の主体であり本質である。「家」を主体にした日本文化は、時代とともに変化や発展を見せながら、その主体性や本質は変わることなく今日まで継承されてきた。

「家」とは、どのような条件下において「家」の概念を満たすものであるかを説明しなければならない。「家」とは、父親、母親、祖父、祖母、そして子供たちといった血縁を密にする、あるいは養父母のような縁故を密にする人々から成り立つ家族成員の集合体であり、一家の所帯をともにする家庭的団体である。そこには、生活を意義深く整え、財を管理し、家族のより良き日々を約束するための指針や秩序が存在する。冠婚葬祭のような慶事の儀式を執り行ったり、居間に設けられた先祖の霊を祀る祭壇に手を合わせたりする慣習が存在する。

また、一つの限られた空間を区画して間取りを決め、数多くの柱や壁、コンクリート、鉄骨……といった資材を利用して、玄関、居間、台所、離れ、風呂場、押入、子供部屋、二階の部屋……等の部屋を設け、ここに生息する住人たちに住的環境を提供する場でもある。「家」はその家族にとって心のよりどころとなる場であると同時に、家族形態を育み、生活様式を育む場でもある。家族はその場所から職場へ、学校へ、買い物へ、旅行へ……と多様な理由で出掛けて行き、そしてその場所へ戻ってくる。その場所で寝食し、憩い、争い、談笑し、生計を立て、暮らしを営む。

これらの条件下において、「家」を考察してみた時、そこには、私たちの国日本だけに留まらず、他の国、日本以外の国においても同じ条件下で、「家」は存在すると考えられる。一家の所帯をともにする家族的団体が、家族形態や生活様式を育む場としての「家」は、国を問わずして存在すると考えられる。また、住的環境を提供する物質的所産である構築物としての家の造りも、洋の東西にかかわりなく類似的であると考えられる。「家」は家族の心のよりどころであり、寝食し、憩い、争い、談笑しながら生計を立て、日常生活を営む場であることも、日本だけに限らずどこの国にも該当する事象であると考えられる。

私は過去において、渡英して何年か住み、人々と交流する中で英国人の「家々」に上がり込んだことがある。そして「家々」の内部構造を、家族形態を、生活様式をうかがい知る機会があった。またイギリスと類似する文化形態を持つアメリカ、カナダ、ドイツ、ブラジル、アルゼンチン、スペインの国々の知人や友人を訪れ、彼らの「家々」に滞在し、わずかな期間ではあったが寝食をともにした。そこで私が把握した内容は、「家」の概念を司る条件においては、私たちの国とそれほどの相違を認識することはなかった。ただし、物質的所産である家の造りには、多少の相違を発見することができた。具体的に言及すると、鉄筋コンクリート建築であるとか木造建築であるとか、天井が高いとか低いとか、一つ一つの間が広いとか狭いとか、ジュータンの間があるとか畳の間があるとか、プライバシーを尊重する造りになっているとか、プライバシーには無頓着な造りになっているとか……、少なからず相違を指摘することができる。けれど「家」の概念においては何ら大きな相違を認識することはなかった。

「家」の構造（かたち）と内なる力（ちから）

しかしながら、日本の「家」には、特徴的といえる事柄が一つ存在する。私が訪れた国々のどの「家」にも、その特徴を発見して認識することはなかった。その特徴は、独自的であると同時に、日本文化を形作る主体であり、本質であるといえるのである。独自的その特徴とは、日本の「家」は、「家」それ自体が、力《ちから》、を所持している、ということである。「家」そのものが、力を携えているということである。この「家」の持つ力こそが日本文化の礎であり、本質であるといえるのである。この「家」の持つ力こそが、日本文化を形成する不変の真理であるといえるのである。私たちの日本の「家」は、「家」そのものがまるで生命を宿しているかのように力を所持している。そして、その力によって、この「家」を宿命的に存続させることを要求するのである。世代をいくつも越え、永続的に存在することを真理として要求する。この代で滅びることを決して承諾しない。先祖代々受け継がれてきたこの「家」は、また次の代へ、さらに次の代へと受け継がれることを要求する。悠久の時の推移の中で、新しく誕生するいくつもの歴史を跨ぎながら、生き長らえることを不変の条理として要求する。「家」は、不滅であることを頑迷に主張するのである。

物質的所産である家には、この「家」の中心的存在である床の間が存在する。床の間は、いくつかの柱と三、四メートルほどの化粧横木で支えられた奥行き六十センチほどの空間で、床より一段高い。床の間は、この「家」の力の象徴であると同時に、この「家」の格式や価値の象徴でもある。こぢんまりとした中に、威風堂々とした趣を漂わせて近寄りがたい感さえする。通常床の間は、家の内部に美的景観を提供する個所として利用されている。花器を置いて花を生けたり、掛け軸などの書画を飾ったりする。床の間と隣接して先祖の霊を祀る祭壇があり、そして襖や障子で仕切られたいくつかの畳の部屋があり、台所、風呂場へと続く。力の象徴である床の間を基準として、床の間から距離を置くごとに、力は少しずつ弱まりながら移行していく。しかし、この構築物の中においても、力は衰退することはあっても決して消滅することはない。

床の間との関係において、床の間により近い場所を上座と称し、床の間と距離を置いた場所を、下座と称する定義が存在する。ここに集う人々は家族であれ来客であれ、誰もが、上座、下座といった位置の存在を認識しなければならない。立つにしろ座るにしろ、ここに集う人々は、この「家」の持つ力の采配によって個の持つ条件を考慮した上で、誰を上座にし、誰を下座にするという位置づけがなされるのである。そして誰もが、与えられた位置を見定めて認識し、同時に自己が存する権利を有する位置だと自覚しなければならない。誰が上座に、誰が下座にという位置の設定は、ここに集う人々の自由意思や思惑によって成されるものではなく、またこの「家」の主の独断的思想や選り好みによって成されるものでもない。あくまでも、この「家」の持つ力の采配によって成されるのである。たとえ知名度の高い人やこの家族と交流を密にする人や親戚にいたっても、位置は任意や場当たり的思想の反映によって自由に選択することは不可能である。位置は誰もが厳格な掟の中で、すなわちこの「家」の力の采配によって決められるのである。この「家」は、この「家」に集う全ての人々を、力によって支配しようと試みるのである。

もしこの「家」に、この「家」の持つ力を背景にした秩序が存在しなければ、上座も存在しなければ下座も存在しないといえる。座を形式的に区分する定義を育む要因は存在しないのである。また床の間が力の象徴として認識されることもないのである。ここに集う人々は、どこどこに、という位置づけがなされる必要もなく、誰もが自己の自由意思に基づいて位置を選択することが可能となるのである。

家父長家族制度の下に

この「家」に生息する住人たちは、この「家」の持つ力に支配されている。揺るぎない絶対的な力によって支配されている。そこには、(家父長家族制度に準ずる)階層制度が培われ、家族を構成する一人一人に地位が授けられて確固たる地位的序列が存在し、この「家」から強要される「家」の存続を主体に、家族形態、生活様式が育まれている。家族間に存在する階層制度は、性別、年齢、世代、といった要素を基軸として成り立っている。家族を構成する一人一人に授けられたこの地位は、純然たる質量を持ち、家族の誰もが尊重しなければならないと認識している。

この「家」で、地位的序列の内で最も高い地位を収めるものは、先祖からこの「家」を継承し、血統を絶やすことなく今日まで維持してきた、この「家」の主で、第一権力者の地位を確保し、床の間のすぐ前を陣取り、背にして座る権利を有している。

この「家」を存続させる条件において最も重要視されていることは、この「家」の主とその配偶者との間に子供が誕生し、その子供が男の子でなければならない。性別は、男でなければならない。男を主軸として考慮し、発展させていかなければならない。家督は、男によって相続されるものであり、その相続権は、この「家」の初めての男の子に与えられるものとした基本理念が存在する。男の子は将来、父親が先祖から家督を相続してきたように、この「家」の家督を相続する、貴重な存在として認識されている。この「家」の力に支配された家族は、「家」の存続を必要不可欠な事象として定義づけるが故に、男の子を貴重な存在として認識しているのである。

もちろんどの「家」においても、子供の誕生は性別のいかんにかかわらず喜ばしいことであり、祝福すべき事柄に違いない。自分の血を宿した一つの生命がこの世に誕生し、日々の成長を見守ることほど有意義で心を和ませるものはないが、私たちの国では、誕生した時点で性別を考慮し、同時に、〝男の子〟〝女の子〟と差別し、一方は貴重な存在として賞賛され、他方は存在性すら重要視されずに蔑まれる、という現象が、かつては育まれていたのである。

長子相続の世の「習い」が

この「家」に初めて誕生した男の子には、長男という「かたがき」が付与される。長男とは、跡取り息子を意味し、嫡男を意味する。当然、公的に必要な個に対する氏名も授けられるが、家族においては、この「家」の継承に基軸を置いた理論を絶対視するが故に、公的氏名より、長男というかたがきに、より重い比重を置いて認識しているのである。

自然の摂理は、常にその「家」に男の子を授けるように采配を振るうとは限らない。女の子ばかりの誕生しか許されないところもある。また子供を切望してもその願いが叶えられず、一人として恵まれない運に見放されたところもある。それらの「家」においては、女の子が成長して結婚適齢期に達した時、女の子に婿養子をむかえ入れたり、あるいは養子縁組によって他家の男の子をむかえ入れたりし、家督を相続させる条件を満たして、「家」の存続を可能にする手段を取ることもある。しかし、いずれの方法も不可能で、もはやこの「家」はこの代で滅ぶしかない、という不運にみまわれた主は、世間から屈辱的な仕打ちを受けたような、世間に顔向けできない罪悪感さえ抱くことがある。たとえ経済的に成功を収めて巨大な財を成したとしても、この「家」はこの代で滅び、死後誰も面倒見てくれる人がいず、また墓参りにきてくれる人もままならぬと認識するにいたっては、人生の落伍者としての心境を抱くこともある。

この「家」の二人目の子供の誕生に際しても、やはり性の区別を考慮し、男の子なら次男、という「かたがき」が与えられ、女の子なら、長女という「かたがき」が与えられる。次に誕生した男の子は、三男であり、そして女の子は、次女であり、次いで三女である。この「家」に誕生した全ての子供たちは、性の区別を第一に考慮され、同時に「かたがき化」され、そして階層制度のしきたりの中に嵌め込まれていくのである。この「家」は、この「家」の主、すなわち六名の子供たちの父親とその配偶者である母親の計八名で構成された一つの家族によって営まれていると認識できる。

第一権力者である父親がいつかこの世を去ったあと、長男が家督を相続する権利を有するものと承認されているため、長男の地位は他の成員たちよりも高く、権力も強く、父親に準ずる。もしこの「家」で、長女の年齢が男兄弟たちより上であったとしても、地位の序列は男兄弟たちより下になる。その理由は、女はいつか結婚してこの「家」を出ていく身であり、この「家」を引き継ぐ継承者にはならないからである。また、次男や三男においても、長男が嫡男である限り、この「家」の継承者になることは不可能で、この「家」を出て分家を持つ身に甘んじなければならず、地位的条件は必然的に低くなる。ただし、何らかの理由で長男が、父親から家督を相続することが不可能になった場合、次男がこの「家」の家督を相続することになる。その場合、次男の地位は向上し、父親の次の地位を確保することになる。三男においても同様のことがいえる。もし何らかの理由で、長男及び次男がこの「家」の相続を断念しなければならない事柄が起きた場合、三男はこの「家」の継承者となり、地位も父親に準ずるところまで向上する。仮に、この「家」にまだ祖父が健在で実権を所有していたとしたら、父親は何人の子供を持つ親だとしても、床の間のすぐ前に陣取り、背にして座ることはできない。床の間を背にして座る権利を有するのは、あくまでもこの「家」における第一権力者だけである。

「ここは、お父さんの座る場所」——家《うち》には秩序《きまり》がある

この「家」を構成する成員の一人一人は、日常で営まれる家庭的慣習を通し、地位的序列の秩序を学習していく。食事の時、雑談の時、くつろぎの時、話し合いの時といった家族全員が集合する時、それぞれが占める位置は、すなわち座る場所は、厳格な規律によって定められている。なぜならそれぞれが座る位置は、それぞれの地位の象徴だからである。長男が父親の位置に座ったり、次男が長女の位置に座ったり、三女が長女の位置に座ったりと、個々の自由意思を尊重した行為は、この「家」においては、勝手な振る舞いであり無作法な行為であると認識されている

ため、父親や母親の叱責や非難を受ける対象となるのである。子供がまだ幼少で、地位的序列のしきたりが理解できず、父親の場所に座っていたら、「あんたの場所はあっちでしょう、自分の場所へ行きなさい、ここはお父さんが座る場所だから」と母親に注意されて、自分の場所や地位を必然的に理解するようになるのである。そして、この「家」での階層制度を順守する作法を身につけていくのである。

この「家」において、個々の行動形態の全ては、地位的序列を基礎とした規律の上に打ち立てられている。家族間の普段の会話や挨拶といった日常的行動の一つ一つに対し、地位的序列が介在している。地位が上のものが下のものに、あるいは下のものが上のものに接する時の対処法は、慣例化した礼儀作法として忠実に執り行われることが要求される。正しい挨拶の仕方や口のきき方は、必ず習得しなければならない必須項目である。地位の相違の中で行われる会話は、常に数多くの尊敬語や丁寧語を含み、同時に下のものに対する命令形の語も多々含まれている。

父親は、地位が下のもの、すなわち家族全員に対し、第一権力者としての威厳や重厚さを兼ね備えながら対応する術を身につけている。父親は、この「家」において最も地位が上で強い権力を有しているが、かといって、家族全員に対して権力的である種の暴君に類似する態度で対応しているというわけではなく、家族全員を統括していく責任を担ったもの、いうなれば管理人的要因によって接していると表現できるものである。父親は家族全員の面倒を見、そして管理していくのである。

この「家」に培われている階層制度は、家族を構成する一人一人にとって絶対的なものであり、日常生活の全ては個に授けられた地位の尊重によって成り立っている。地位の尊重によって成り立つ家族間の生活形態は、あらゆる面で、立場的、であるということができる。地位と立場は、同族の概念として認識することが可能である。すなわち、地位は立場を意味し、立場は地位を意味する。家庭の中で、階層制度によって個々が授けられた地位は、個々が立場を授けられたということに他ならない。家族にとって個の地位を理解するということは、個の立場を理解するということである。立場は、地位と同様絶対的である。

立場の存在は、家族全員が重要な要因として考慮すべき事柄である。父親は父親としての立場、母親は母親としての立場が存在し、同時に、長男は長男としての、次男は次男としての、三男は三男としての、長女は長女としての、次女は次女としての、三女は三女としての立場が存在する。また、男としての立場、女としての立場が存在する。その立場は、誰の立場においても、高い立場低い立場に関係なく尊重されるべきもので、個々は立場的態度を取ることが要求されるのである。男は男らしく、女は女らしく、父親は父親らしく、長女は長女らしく、次女は次女らしくという言葉は、それぞれに符合した立場的態度を取る存在になる、ということを意味するのである。

父親の範疇に属する問題に対し、長男が口をはさみ、正当で最良の意見を述べたとしても、父親はこれを最良の意見として取り上げることはせず、「お前はだまっていなさい、これはお父さんが解決しなければならない問題だから」、と邪険に扱うのが常である。なぜならこの問題は、父親の立場において、解決しなければならない事象だからである。また父親が長男に質問した時、次男が理知的才能にものをいわせ、納得のいく明確な応答をしても、父親はその応答を良しとはせず、「わたしはこの人に尋ねているんだ、お前に尋ねているんじゃない、余計な口出しをするんじゃない」と次男はぞんざいに扱われるだけである。なぜならこの質問は、長男の立場において処理されなければならない事柄だからである。同様に、長女のことに関して次女や三女があれこれ名案を提出しても、「あんたたちはだまっていなさい、これは長女が決めなきゃならないことだから」と父親から反発を買ってしまう。時に気まぐれで、父親が長男の意見より次男の意見を高く評価して次男を誉めた時、上の立場にある長男は自分の立場を踏みにじられて面目を失ったという理由で、次男に対し、機会を見つけて姑息な手段で肉体的体罰を与えるか、相手の弱みを見つけて非難することを忘れない。また母親が三女の学校における成績を誉め、長女の成績に苦言を呈した時、長女は長男同様、自分の立場が踏みにじられて面目を失ったという理由で、三女に対し、正当な理由が存在しないのに腹を立てたり悪さをしたりする。

　他の兄弟たちの応答がたとえ優れた明解であっても、たとえ道理に適った正当なものであっても、その立場のものが応答を成さない限り、父親の反感を買うことになる。立場を尊重する人々のしきたりは、その立場のものが、その立場において、何事も成立させなければならないということである。そして立場が下のものは、立場が上のものを出し抜いて賞賛を得てはならないのである。

この「家」の子供たちは、日常生活を通して立場的態度を取ることの重要性を習得していくのである。そして、発言権は自分の立場に順応した発言権しか持ってはならないことを知り、立場が上のものは立場が下のものに抜かれてはならず、下のものは上のものを抜いてはならないことを知り、熟慮を重ねて導き出したどんな優れた内容の考えも、立場が上のものと方向性が一致しなければ簡単に却下されることを知り、自分の立場の順守と他人の立場に口をはさむことの厳禁を知り、立場が一つでも下のものは立場が一つでも上のものに対し、決して対抗してはならないことを知り、立場が上のものは強制的であることが認可され、下のものは服従的でなければならないことを知るのである。

従って、この「家」の子供たちは、その成長過程において知性や感性を駆使しながら物事の真理を説明したり、自分の考えを思いにまかせて論理的に述べたり、誰かの意見が間違っていることを指摘したり、正確な会話力で自分を表現したり、兄弟同士、自分の知識や能力を発揮しながら思想を闘わせたり、三女の考えを賞賛したり、純粋な兄弟愛によって次男と長女が手を組んで何かを成し遂げたりすることはなく、ただひたすら立場的態度を取ることを習得していくのである。

家族間においても、互いが立場を考慮しない対等の意識の中で自由に会話を持つことはなく、同時に議論することもない。国政の在り方や学校教育の在り方について、選挙における立候補者が主張する政治的意図について、世界経済の今後の見通しやヨーロッパに溢れ出る難民問題について、また日常の身の回りで起きるいろいろな関心事について、上下の隔たりのない対等な意識の中で話し合うことはないのである。この「家」の中では、いかなる話し合いにおいてもいかなる議論においても、そこには必ず立場が介在している。そして、何か結論を下さなければならない時、必然的に地位的序列の法則にのっとった結論が下されるのである。立場が上のものの考えや意図の中で、結論が下されるのである。決して豊富な経験や豊富な知識を糧として、結論が下されるのではない。立場が上のものの役割として結論を下すのである。そして立場が下のものは、たとえ意に反していても服従的に同調することを余儀なくされるのである。

幼少の頃仲良く遊んでいた兄弟たちは、この立場の存在を認識して習得する頃になると、立場の相違によって兄弟の仲は衰退し、互いは敬遠することもめずらしくない。互いの立場は尊重すべき重要なもので、個々は立場的態度で接することを順守しなければならないからである。立場は地位であり権力と同等の質量を持つが故に、そこには垣根が存在し、精神の自由な往来は不可能に近く、その結果気さくな兄弟仲に立ち戻ることはできないのである。また精神の自由な往来を阻む立場の存在は、その家族にとっても精神の自由な往来を阻むものであり、従って家族の親密度は希薄になりやすいといえる。この「家」における家族的紐帯は決して強いとはいえないのである。

家名という体面を気にする

この「家」は、永久的な存続を要求するだけでは飽き足らず、この「家」の持つ家名の健全性をも要求してくる。家名は健全でなければならない。この「家」に生息する住人たちに、家名を健全に維持するための良識的哲学を要求してくる。家名は、決して汚してはならないものであり傷つけてはならないものである。

この国において、苗字、すなわち家名を持つことが一般市民の間で可能になったのは、十九世紀の中頃、徳川の時代が終焉をむかえて明治の時代になってからである。それまでは、武士や貴族、大地主や豪商人といった特権階級の人々だけしか家名を持つことは許されていなかった。武士や貴族、大地主や豪商人たちにとって、「家」の存続と家名の健全性を保つことは絶対的な使命であった。その絶対的使命が、十九世紀中頃以降、一般市民が姓を持つことが許されることになってから、一般市民の間に浸透していったのである。

家名の健全性は、この「家」に生きる住人たちの思惑や都合によって保たれるものではない。家名の健全性は、この「家」の住人たちを、他人、がどのように評価するかによって保たれるのである。他人の意思を反映した思想によって保たれるのである。他人が、この「家」の住人たちを良く思うか悪く思うか、評価することによって保たれるのである。従ってこの「家」の家名を健全に保つために、この「家」の住人たちは、その行動形態を健全に保たなければならない。正しい言葉遣いをし、落ち度のない形式化した礼儀作法を身につけ、誰が見ても常識的と思うような着こなしをし、突出した思想を所持しないように、異端児的存在にならないようにしなければならない。「そんなことをしたら、人に笑われるぞ」と家族の誰からも注意されることのないように、慎みと標準性を指針とした行動形態の規範を尊重しながら、日々の生活を営まなければならない。

他人が、この「家」の名誉の浮沈を左右する存在だと認識するこの「家」の主である父親は、他人の思想を、他人の評価をことさら気にするがあまり、子供たちに、ああしてはだめ、こうしてはだめ、ああしなさい、こうしなさい、といくつもの規律化した事例を正当化しながら、行動の規範を順守することを要求する。子供たちの生活態度を律し、無作法や悪びれた行為を戒めることによって、家名の健全性は維持できるものと信じている。多くの干渉と多くの叱責は、親の責任において成されるべきものだと信じている。多くの制約事項を設けて束縛することは、他人から良い評価を得るための手段だと信じている。

「そんな、いい加減な態度で挨拶するやつがあるか、丁寧に頭を下げなさい」「お前は敬語の使い方も知らないのか、人と話す時には丁寧語や尊敬語を有効に使わないと、聞く人は相手にしてくれないぞ」「女のくせにあぐらをかくとはみっともない、やめなさい、ちゃんと両足を折り曲げて正座しなさい」「そんないかれた着こなしをするんじゃない、人に笑われるぞ」「お前はいつまで外をぶらついているんだ、決められた時間があるのに忘れちゃ困る、そんなに遅いと人に怪しまれてしまうぞ、決められた時間を守りなさい」「髪をこんなに赤く染めて、お前はどういう考えを持っているんだ、みっともないぞ、日本人は黒髪が一番似合うんだよ、すぐに黒に戻してきなさい」「そんなにずけずけと、自分勝手なことばかりしていたら、世の中の人誰も相手にしてくれないぞ、少しは遠慮というものがあることを知らなくちゃ」「乱暴だな、お前は、女のくせに態度が悪過ぎるぞ、たしなみの一つも持っていないとは情け無い、慎み深くたしなみのある女性になりなさい」。父親の良識の範疇を飛び出した事柄は、全て非常識的産物であり、人から笑われる愚かな行為であると見なされて注意や叱責の対象となるのである。

「家」との因果関係に心を砕く第一権力者である父親は、子供たちの自由で気ままな独自的発想や、伸びやかな対応や自主的行為に制限を加え、他人の思想が常識的であると判断するように、あるいは他人の思想に反感を起こさせないようにとしつけていくのである。そして、「そんなことをしたら、人に笑われる」という言葉の重要性を心の奥底に留め置かせるのである。「人に笑われる」ということは恥をかくということに他ならず、この「家」にとって名誉を傷つけることになる、ということをことさら強く認識させるのである。

父親の多くの干渉、あるいは父親に同調する母親の多くの干渉の中で、その成長過程を過ごす子供たちは、自主性、独立心、個性、積極性、自律的精神等を育む機会を持たないといえるのである。そして、非自主的で、消極的で、没個性的で、依存的で、自律心のない人格形成へと落ち着いてしまうのである。他人の思想によって下される評価を気にする人々の人間性や人格は、この「家」にまつわる条件の上に形成されるものであり、子供たちは、それを宿命として受け入れなければならないのである。

「家」を継ぐという制度

「家」で培われている階層制度は、なぜ発生し、なぜ重要視されているかを述べてみると、「家」の永続を絶対視する哲学を基軸としている家族にとって、誰を継承者にするかを考慮した時、そこには階層制度によって証明される地位が必要である。地位の上のものが「家」を継承する権利を有するという基本理念を打ち立てることによって、「家」の継承が順当に間違いなく行われることが可能となるのである。もし「家」が階層制度を培う土壌を持たなかった場合、家族の成員の一人一人は地位や立場を与えられることはなく、個々は自由意思の中で存在することが可能である。家族の一人一人が自由を基調として存在した場合、「家」の永続を確実にすることはかなりの困難があるといわなければならない。なぜなら、誰もが継承者を名乗り出ることもできれば、同時に誰もが非継承者を名乗り出ることもできるからである。長男が、私は「家」を相続しませんともいえるし、長女や三女が、私が「家」を相続しますともいえる。個々の思惑が混在した中では、争い、放棄、混乱、無頓着といった状況に発展しかねない。

階層制度を培うことによって、家族の一人一人は地位や立場を明確化することが可能となり、ひいては「家」の継承をスムーズに行うことが可能となる。その立場のものが課せられた役割を果たすことによって、「家」は永続することが可能となるのである。この階層制度は、「家」を主体として尊重してきた人々が、遠い過去において、もしかしたら有史をはるかに溯った遠い昔に考案した手法であると推測できるのである。

私たちの、日本の「家」の中で、その家族が営む生活形態を通して育まれてきた人生哲学を証明する諺を、ここに二つ紹介する。〝長いものには巻かれろ〟と〝出る杭は打たれる〟である。この二つは、私たちの日常において今なお耳にする諺であり、現実的に使用されている。前者は、長くて力の強いもの、すなわち、権力者には盾突くことなく服従すれば何事もうまく収まるという教訓を含み、後者は、個性を出して自己を強く主張してでしゃばると、必ず周囲から反感を買うことになるという教訓を含んでいる。

「家」を守り、永続させること

私たち日本の家族にとって、「家」を永続させることは、必ず実行しなければならない最重要課題である。「家」は決してこの代で滅ぶことがあってはならない。「家」は不滅でなければならない。

このような大義名分を背負わされた家族は、その「家」に子供が誕生した瞬間、性別を意識し、男の子であるか、女の子であるか、を最も重要な事柄として取り扱う。「家」の存続を可能にし、次の代へ、さらに次の代へと継承させていくことに重大な意義を定義づけるため、一人の貴重な一人の人間が誕生したことを、意識下に置かない。ここに、一人の人間が誕生したことを、一人の、絶対的価値を有する人間が誕生したことをおろそかにする。重い宿命と、絶対的価値と、計り知れない尊厳を有する、一人の人間が誕生したことに気づかない。

嫡男か、そうでないか、跡取り息子か、そうでないか、長男か、そうでないか、が最大の関心事であって、男の子であろうが女の子であろうが、ここに、一人の貴重な人間が誕生したことを認識しないのである。すなわち、誕生のその瞬間、一人の人間として、価値ある一人の人間として、尊厳を持つ一人の人間として取り扱わないのである。私たち日本の家族は、「家」を永続的に継承させていくことに最大の力点を置くが故に、一人の人間が、価値ある一人の人間が、この世に唯一無二の一人の人間が誕生したことに気づかないのである。ここに誕生した子供は、家族の誰もが、一人の人間としては認識しないのである。この家族にとって、ここに誕生した子供は、「家」を存続させるための道具であり、付属物に他ならないのである。

私たち日本の「家」は、その「家」の住人たちを付属物化して永遠に生き延びようとする。従ってその「家」に生息する住人たちは、誰もが一人の人間として価値を持たず、一人の人間として尊厳を持たず、一人の人間として主体性を持たず、「家」の持つ力の支配によって、長男、次男、三男、長女、次女、三女、と付属物化した個々の存在を認識することを余儀なくされるのである。そこでは優劣や上下関係を無視した対等な人間関係は構築されず、あくまでも階層制度にのっとった地位的序列を順守する、家族形態が育まれていくのである。

同じ両親から誕生したにもかかわらず、誰が先に誕生したか、そして男か女かによって地位の順位が授けられ、互いは不平等的差違を認識しなければならない宿命を背負う。たとえ一卵性双生児のように、一人目が誕生したすぐそのあとに、少しの時も移さず誕生した二人目の関係においてさえ、誰が先に誕生したかが重要事項として認識され、先に誕生した方を長男とし、二番目を次男とする正式な制度が確立されている。

その「家」の家族の間では、男、女、大人、子供といったかたがきから派生する偏見や差別が、必ずつきまとっている。男と女は掛け離れた存在であり、大人と子供も掛け離れた存在であり、互いは共通の話題に出会うことは不可能であると認識する。いち対いち、それは人間対人間のぶつかりあいであることを理解しようとしない。大人と子供、それは人間対人間であることを理解しようとしない。父親と母親が、対等な価値を携えて存在していることを理解することは不可能である。子供たちが一人の人間として、父親と対等に向き合うことは不可能である。子供たち同士も、男女の差別を抜きにして互いが接触することは不可能である。年齢の相違を考慮せず、互いの人間性を尊重しながら対等に接触することは不可能である。互いに人間同士として、男も女も大人も子供も関係なく、それぞれが唯一無二の価値ある存在として接触することは、その「家」においては不可能であるといわなければならない。

不平等が是認され、偏見や差別が平然と肯定され、不条理がゆうゆうとまかり通るその「家」の秩序を、新しく誕生した生命は宿命的に受け入れ、成長を成し遂げなければならない。性別や年齢や世代に基軸を置く地位的序列を順守した生活形態の中で、日々の生活を営まなければならない。この世に存在する唯一無二の一人の人間としてではなく、自己の尊厳に確固たる価値を定着させた一人の人間としてではなく、また、強い信念によって自己を主張したり表現したりする一人の人間としてではなく、ひたすらその「家」を永続的に存在させることを可能にするための道具、付属物的人間として成長を成し遂げなければならないのである。

主体的本質の欠如

その「家」に誕生した個々は、常に権力者の思想の下で管理され統轄《とうかつ》されていく。権力者は多くの事柄に干渉し、個々の独自的思想や自由意思を尊重した行動形態を否定し、常識的規範の中に閉じ込めようとする。そのような条件下で存在する個々にとっては、自己を主体として展開させる哲学は育まれていないといわなければならない。自己を主体とする哲学、自己を一人の人間として、主体として主張する哲学、自己を唯一無二の主体として存在する哲学は育まれていない。その「家」には、自己の存在を主体とする哲学は育まれていないのである。自主と独立的精神においての思考行程や行動形態を培う、主体的本質を基軸とした哲学は育まれていないのである。すなわち、その「家」において個々は、主体的本質を所持する人間であることを否定され、主体的行動をないがしろにされた存在でしかないのである。

親のいうことを聞く良い子とは、主体としての自己の存在を否定し、自己を主張せず、自主的行動を取ることなく、親のいうがままに、ひたすら柔順に従う子供ということである。思想の相違からくる意見の対立を、自己の力量を伴った話し合いで解決するのではなく、何も進言せず、無口におとなしく服従する子供ということに他ならない。自己が所持する主体性の発露は閉ざされていなければならない。口答えをしたり、反抗したりして自己を主張すると、親のいうことを聞かない悪い子という代名詞が課されることになる。素直で、柔順で、服従的でなければならない。自主と独立において自己の存在価値を主張する、主体としての哲学を展開させてはならないのである。自主と独立を信条としながら、あらゆる思考行程をあらゆる行動形態を育む、主体的本質を基軸として人間の存在価値を追究する哲学を展開させてはならないのである。強い信念を支柱として導き出した思想において判断し、そして行動するという哲学を展開させてはならないのである。

その「家」の主は、「家」の永久的存続を追求するが故に、「家」の名誉を健全に保つことを主眼としているが故に、他人の目、他人の思想、他人の評価をことさら気にしなければならないと認識している。たとえそのことが不条理な事象であっても、胸中深くに留め置かなければならないと認識している。家名の健全性は家族の意図や思惑において保たれるものではなく、あくまでも他人の思想が分析して導き出す評価によって、保たれることを認識している。そして他人は、その「家」の家族を構成する一人一人を評価の対象とすることを認識している。

「日本人」とは「客体」である

私たち日本人は、他人の評価によって、その人間的価値が認定されるのである。主体的本質である自主と独立において、その人間的価値が認定されるのではない。どんなに優しい人でも、どんなに誠実な人でも、どんなに思い遣りのある人でも、もし、他人が、あの人は腹黒い人だよ、といえば、その人は腹黒い人になるのである。周囲の人々もまた、その人に対し、腹黒い人という認識を抱くようになるのである。反対に、どんなに意地汚い人でも、どんなに強欲で打算的な人でも、どんなに不親切な人でも、他人が、あの人はとても良い人だよ、といえば、その人は良い人と認識され一般に受け入れられるのである。従って私たちは、他人の印象を良くして良い評価を得るため、慎ましく、自己主張をせず、でしゃばることなく、没個性的で、控えめであることが要求されるのである。

私たちの誰もが認識するように、それらの要素は美徳としてこの国の家庭や社会全般で重要視されているものであり、遠い昔から今日まで継承されてきた、日本人的資質の根幹を成すものである。それらの要素を根幹として、精神性を構築し、人間性を構築した時、私たちはその人間を客体的人間と称することが可能である。私たち日本人は「客体」であると称することが可能である。私たちは、主体的本質によってその精神性や人間性を構築しているのではない。私たちは、主体的人々とは対照を成す人々であり、客体的本質によって存在する人々である、といえるのである。

私は、日本人とは、すなわち、「客体」であるという定義を提唱しなければならない。私たち日本人が美徳として長きに亘って培ってきたいくつもの要素は、客体的人間において証明されることを提唱してみたい。強い信念に支えられた自己の意思によって決断し、行動する主体的人間とは対極に位置する人間、すなわち、客体的人間において証明されることを提唱しなければならない。この国における全ての自己は客体として存在しているのであり、主体として存在しているのではないということを、これから追い追いに説明する。

自己と他人との相互関係において、自己は評価される側にあり、他人は評価する側にある。自己は、評価されるという受動的立場に身を置くものであり、他人は、評価するという能動的立場に身を置くものである。その理において、自己は他人に評価されて初めて、自己の存在意義や存在価値が成立するのであって、自己独自の主張や行動によってではない。自己の行動原理は受動的で消極的であり、自主性や自律性といった能動的要素によって培われているのではない。従ってこの国の自己は、いかなる分野においても、いかなる社会環境においても、自主的信念を持つことなく、自主的指針を持つことなく、ひたすら他人の言動に重い比重を置きながら、あらゆる条件を全うするのである。

そして他人の評価によってその存在意義や存在価値が認定されるこの国の自己は、他人を第一義的価値を有する存在だと認識し、自己は第二義的価値を有する存在に甘んじなければならないと認識しているのである。つまり他人は自己に対し、優位的立場を有する存在であると認識しているのである。日本の社会では、他人が存在するから自己は存在するという図式が成立し、自己が存在するから他人が存在するという図式は成立しないのである。その「家」の付属物と化した自己は、客体として存在することを、第二義的価値の存在になることを、宿命として受け入れなければならないのである。

主体としての私（わたし）

その「家」の自己は、この世に誕生したその瞬間から、母親の体内から分離して一つの個体としてこの世に生を得たその瞬間から、客体としての本質を持ち合わせていたわけではない。生まれながらにして、客体としての本質を背負っていたわけではない。母親の体内から分離しておぎゃーと泣き声を響かせたその瞬間、自己は客体ではない。自己は主体としてこの世に誕生した。自己は主体を本質としてこの世に生を得たのであり、主体としての価値を携えていたのである。主体としての宿命を背負ってこの世に誕生してきたのである。

まだ精神が未熟で、行動形態が本能的である〇歳から七、八歳位までの期間、その「家」に誕生した自己は、自己以外のものに惑わされたり気遣ったりすることなく、自己を主体として生を司っている。〇歳から一歳、腹が減ったら授乳を要求して泣き、小便や排便をして不快であれば泣き、眠くなればむずがる。自己の要求は、母親が寝ていようが忙しかろうが話し中であろうが、泣くことによって気兼ねすることなく主張する。二歳から四歳位にかけ、菓子、果物、絵本、おもちゃ類等、自己が欲するものを次々に要求してくる。家庭の経済状況を推し測ることも遠慮することもしない。五歳から八歳位になると大人との会話も正確に成り立ち、行動半径や興味の対象が広範になってくる。遊園地へ、海へ、水族館へ、山へ行きたいと要求し、また電車に乗りたい、精巧なおもちゃやゲーム機が欲しい、センスの良い衣類が欲しいと自己顕示をむき出しにする。家族のものは、この幼い自己に対し、制約を与えず規律を与えず、本人の欲望が命ずるままに行動することを非難しない。経済力が許す限り多くのものを欲しいだけ与える。その頃まで、自己は幼いながら、自己の意思と決断で行動する、主体として存在しているといえる。誤解を招かないようにつけ加えておくと、自己が欲求するものは何でも手に入れることができるという甘やかされた構図を持つ自己に対し、主体として存在しているというのではない。幼少の子供は、他人に感化されることなく、自己の意思や決断において行動する、その条件において主体として存在するというのである。

しかしそれ以降の年齢になり、〝親のいうことを聞く、良い子になりなさい〟という言葉や、〝そんなことをしたら、人に笑われるぞ〟という言葉の意味を理解するようになった時、自己は客体としての道を歩み始めるのである。

人間の精神活動を司るのは頭蓋の内側に生息する脳である。専門家の説によると、脳の発達は遺伝子的要因もさることながら、環境がもたらす影響が大部分を占め、十八歳位まで成長するとされている。自己が家庭環境の中で身近に接する父親は、権力者であり責務の行使者であり、威厳と格式張った振舞いを保ちながら子供たちを統轄しようとする。「家」の永久的存続と家名の誉れを重要視する基本哲学を念頭に置きながら、規律や秩序の順守を高圧的に要求していく。自己は、いつしか伸びやかな主体的行為に歯止めをかけなければならないことを認識する。自己は、主体としての本質を内に秘めながら「客体」として存在する道へ転化していくのである。

もし私たち日本人が「家」の永久的存続に絶対的価値を与えなかったならば、「家」の永続性を最大の責務としなかったならば、「家」の名誉を保つことに重い比重を置くことはなかったといえる。

名誉や不名誉は、それを蒙った個人だけの範疇に収まる一過性のものでしかなく、次の代やその次の代へと継承して真価を追求する必要はなくなるといえる。そして「家」は、家族形態や生活様式を育む一つの場でしかなく、そこには長男も次男も三男も、長女も次女も三女もなく、ただ授かった公的に使用される氏名一つの人間として、「家」の力の支配を受けることのない、主体的人間として存在することが可能であったといえる。性別や年齢や世代を基調として培われた、階層制度に組み込まれることもなく、また階層制度も発生しなかった。他人の評価を気にすることもなく、他人を第一義的価値を有する存在だと認識する必要もなく、一人の価値ある貴重な人間として、生まれたままの主体性を尊重しながら、自主と独立において思考行程や行動形態を育むことが可能だったといえるのである。

他人の存在が気になる

他人は、評価するという能動的行為によって、自己を客体と成らしめたのである。

他人の存在に第一義的価値を認識する私たち日本人は、他人の存在により重い比重を置きながら生存する人々であり、同時に他人の存在を常に意識下に置きながら生存する人々である、と表現できるのである。他人は自己より優位的存在であるため、常に意識下に置かなければならない。意識下に置きながら、〝評価する〟という能動的行為をする対象者として注意を払わなければならない。そして、自己が存在するから他人が存在するのではなく、他人が存在するから自己は存在するという図式の中で日々の生活を営まなければならない。

私たち日本人は他人の存在を常に意識下に置くが故に、他人が、何をしたのか、どこへ行ったのか、何を食べたのか、どういうことをいったのか、どんな所に住んでいるのか、どんな服装をしているのか、どんな本を読んでいるのか……と、その言動内容や取り巻く環境に興味を持ち、同時に他人の模倣を随所に取り入れ、他人との共通性を見出すことに満足感を抱くのである。自主的言動によって独自に物事を成立させて満足感を抱く代わりに、他人の言動内容を模倣することによって発生する、共通性に対して満足感を抱くのである。

自主性や独立心が育まれていない私たちは、自分の可能性を信じて、自主的に独自的に物事を開拓し推し進めることは不可能な人々である。すでに他人が作り出した既成のものを模倣することによってしか、物事を推し進めることはできない。私たちは優位的存在である他人を模倣する。

そしてその他人と共通の概念を抱く。そしてその他人と共通の話題を持ち、そしてその他人と共通の条件下に身を置くことに意義を感じるのである。また日本人独特の感性は、他人を模倣し他人と共通の条件下に身を置くことによって、互いは同類であり、仲間であるという意識を培う要因とするのである。この国では、互いは仲間であるということの意義は絶対的でさえあり、そこには、他人との相互関係において友好的連帯性を育むことが可能であるという思想が存在するのである。客体的本質において思考行程や行動形態を組み立てる私たちにとって、他人と仲間であるという意識を育み、同時に友好的連帯性を育むことは、ことさら重要な事象として誰もが認識していることである。

挨拶の動作と言葉と日本人

私たちの国には、他人から高評価を勝ち得て友好的条件を作り出すために、いくつかの手段が存在する。懸命に挨拶をする。大げさに愛想笑いを振りまく。ふんだんに敬語を使用して会話を成立させる。これらは、日本人を日本人たらしめる条件ということができるものであり、これらを抜きにして日本人を表現することは不可能である。これらは、他人から、無愛想な人という反感、言葉遣いも知らない人という反感、人間がなってないという反感を回避するための、そして友好的条件を維持するための処世術として誰もが身につけている。

私たちはよく挨拶をする人々である。朝、昼、夜、他人に対し懸命に挨拶をする人々である。

私たちにとって挨拶という行為は、他人との間に友好関係を構築して保つ上で、なくてはならない行為の一つであると認識されている。この挨拶は、微妙な感性に支えられ、複雑で奥深く、多様な形態を持っている。やあー、と気軽に声を掛ける、頭を丁寧に下げる、上半身を軽く折り曲げて頭をちょこんと下げる、両足を揃えて立ち上半身を深々と折り曲げる、丁寧に両膝を折って正座し両手を前につけながら上半身を前に倒して額が床につくまで下げる……は私の体験的実例として脳裏に思い浮かぶものであるが、実際はこれらの段ではなく、はるかに多くの形態が存在することは事実である。これらの挨拶は男女を問わずして、対峙する相手の立場の如何によって、どの挨拶が現状況にふさわしいかを把握した上で行わなければならない。この挨拶の形態の相違は、そこにいくつもの立場の相違が明確に存在することを意味するものであり、私たち日本人は成長過程の中で、どの挨拶が現状況でなされなければならないか、その場の状況を掌握する術を習得してきた。そして、常に互いの立場を考慮した上で取り交わさなければならないものと認識している。

この国では、「挨拶をする、挨拶を返す」は重要事項であり義務的でさえ有り得るのである。挨拶一つにおいて私たち日本人は、気を良くもするが、気を悪くもする。なぜなら、どのような形態の挨拶であっても、他人の存在をないがしろにしないための思想を孕んだ声掛けであり、気さくで親しみを込めてというより、入念な思惑の中で取り交わされる形式化した義務的行為だからである。たとえ友人同士の間で行われる「こんにちは」という気軽な形態であっても、そこには意義深い感性の重みが存在するといっても過言ではない。仕事に集中していて気づかなかった、体調が悪くて機敏に反応できなかった、子供の養育問題で悩みを抱えている、主人と出掛けに口論をした、入院中の父親が間近に手術を控えている、小学校四年生の息子が学校でいじめにあっている……といった理由によって、挨拶をしなかった、あるいは挨拶の声に気づかず返すことができなかった時、相手は気を悪くするのである。相手はそれらの理由には無頓着であり、ただ自分の存在をないがしろにされたと認識するからである。私たちの国では、自己が抱えるいかなる理由を差し置いてでも、他人の存在に対して気を配る思慮を持たなければならない。そして、「挨拶をする、挨拶を返す」ことに神経を注がなければならない。挨拶という行為は、他人の存在に対する声掛けであり、他人の存在をないがしろにしないための思想とともに行われるのである。私たちの社会では、挨拶という行為一つにおいて、他人との間に友好関係を育みもするが、同時に長い間培ってきた友好関係に亀裂を生じさせることもあるのである。

建て前（タテマエ）の論理

優位的存在である他人との間に友好関係を構築することの重要性は、日本人社会では誰もが認識している事柄である。建て前の論理、この論理もまた他人との間に友好関係を構築する上で見逃してはならない事象である。他人向けの顔、他人向けの思想、他人向けの行為が建て前の論理の根幹を成す条件である。この国の人々は誰もが、他人と接する時、必ずこれらの条件を基軸として、言動を組み立てなければならないと理解している。

建て前の論理は、自己の本心に主軸を置いて言動を組み立てるのではなく、優位的存在である他人の意図に基づいて自己の言動を調節し、他人の意図に擦り合わせていくことであると表現できる。別の表現を借用するなら、自己の本心を逸脱した、自己犠牲の上に打ち立てられた論理ということができ、他人に対する自己の、自己犠牲を伴った精神的奉仕活動であるということができる。

たとえば、納得いかない考案であっても異議を訴えることなく、首を縦に振って了承の意を表す。まったく意味不明の話題に、我慢に我慢を重ねながらも、そう、そうと相槌を打つ。大きな隔たりを発見しても、自己の意思をねじ曲げて相手に擦り寄って行く。自己の意思に制限を加えて顔の筋肉を意図的に弛緩させ、微笑を浮かべておもねる。相手に合わせて白を黒といったり黒を白といったりする。間違った結論が予測されていても、口を閉ざして無口のままにいる。虚偽の報告書にしぶしぶながらもサインをする……。

自己犠牲を伴った精神の奉仕活動を実行することによって、建て前の論理を実行することによって、他人との間に構築してきた友好関係に亀裂が入ることを回避することが可能となるのである。この国の人々は、自己の本心を偽ってでも成し遂げなければならない哲学として、建て前の論理を使用し、第一義的価値を所持する他人との間に存在する友好関係を良好に維持していくことに全精力を傾注しなければならないのである。他人との間の友好関係が良好に維持できている限り、この国の人々は不平不満をいうことなく、安心感を胸中に宿しながら日常生活に勤しむのである。

一方、自己は、自己の心にひたすら忠実で、打算や策略や虚偽等を使用することなく、また精神的自己犠牲を伴うことなく、建て前の論理とは正反対の要因で成り立つ「本音」と称する自律的内面を所持している。本音はもともと自己に備わっている資質であり、自己が誕生して幼年期を経て少年期に差し掛かり、家族の言葉の意味や忠告を理解し、同時に他人の存在が意識の中に侵入してくる時期まで、自己は本音の世界でその日常を過ごしている。しかしそれ以降において自己が客体と化すその時期を境に、自己は建て前の論理をより重要視した生活形態の中に身を置くようになるのである。

本音は、自己の本心の命ずるままに活動し、貴重で誇り高く尊厳的といえるが、社会生活全般の中では使用頻度は限られ、使用範囲も限られているのが通常である。心を許した家族や、決して裏切ることがないと確信する信頼できる他人に対し、使用されるに過ぎない。客体としての自己は、建て前の論理と本音を上手に使い分けることによって、すなわち精神構造を二重にすることによって、他人との間に友好関係を育んだり、自己の本心に従順な気苦労のない世界を見出したりするのである。

客体としての存在

私たち日本人が客体として存在するのは、「家」の永久的存続と家名の健全性を、最優先課題として追求するが故にである。

現在私たちが生息するこの地上に、この世界に、私たちの国日本と同様、「家」の永久的存続と家名の健全性を守ることに基軸を置いて、家族形態を、生活様式を培っている人々から成り立つ国が他に存在するだろうか。

現在二百を超える国々がこの地上に存在するが、その内の一か国でも日本と同様に自己は客体として存在し、他人に評価されることによって、その存在価値が定義づけられる条件の下で生息する人々から成り立つ国が存在するだろうか。自己が客体として存在することに慣れ親しみ、他人は第一義的価値を有する存在だと認識し、同時に優位的存在だと認識することにことさら愛着を抱く人々から成り立つ国が他に存在するだろうか。

自己が存在するから他人が存在するのではなく、他人が存在するから自己は存在する、この法則を論理的に活用しながら生を司る人々によって成り立つ国が他に存在するだろうか。政治、経済、教育、医療、科学、研究をはじめとするあらゆる社会組織の中で活動する人々が、自己は客体であり他人は優位的立場を有する存在であるという観念によって接触する人々によって構築された国が、他に一か国でも存在するだろうか。「家」の永久的存続と家名の誉れを維持することに最も重要な価値を置く哲学を指針とし、自己を客体として転化させ、他人の立場を自己の立場より上位の立場と位置づけることを承認する人々で構築された国が、この地上のどこかに一か国でも存在するだろうか。

私は、これらいくつかの疑問に対する答えを、否定形を用いて、すなわち「いいえ、存在しません」という否定形を用いて書き記さなければならない。私たちが生息するこの国日本以外に、この地上には皆無であることを書き記さなければならない。そして日本以外の国に生息する人々は、誰もが、客体として存在しているのではないということを書き記さなければならない。この地上に存在する日本を除くどの国においても、この世に誕生した自己は客体に転化する要因を持たず、主体としての本質を所持しながら成長し、人生を育むのである。日本人以外は例外なく、自己は主体でありその存在価値は、主体として存在しているということに置かれているのである。

自己を主張して、主体的に生きる人々

南北アメリカ大陸の国々、ヨーロッパの国々、中東の国々、アフリカ大陸の国々、ロシア、オセアニアの国々、そして日本を除くアジアの国々。この地上に存在する二百を超える国々の人々は、全てのものが主体として存在しているといえるのである。彼らの文化的土壌は、一人一人の自己を主体として成長させるものであり、どのような家族形態においても、どのような社会形態においても、どのような生活様式においても、自己は主体として存在することを根元的真理としている。彼らは主体としての本質とともに存在しているのである。日本人以外の全ての人々は、能動的に、自主的に、積極的に、個性的に活動することを指針とし、そして独立心が旺盛である。

私たち日本人が徳目として掲げる、慎ましやかさ、控えめ、没個性的、自己主張をしない、でしゃばらない……といった要項は、彼らの人生訓の中には存在しないのである。

彼らは、「家」の永久的存続に大義を課し、家名の誉れに執着する人々ではない。彼らの大半は、元来、宗教的文化土壌に、あるいは宗教的文化土壌の上に打ち立てられた文化的土壌に生息する人々であって、その宗教的教理が、彼らの生活形態全般の、行動形態全般の基礎になっているのである。彼らは宗教的教理を人生の道標として活用しながら、人生を培っている人々である。彼らは、ユダヤ教徒であり、イスラム教徒であり、キリスト教徒である。彼らは、天空のはるかな高みに、この地上とこの天空を創造した神とその世界が存在することを真理として生きる人々である。彼らは、絶対的な神の存在とその世界を、幻想や妄想の産物としてではなく、現実的真実として認識する人々である。彼らは肉体が死して亡びた時、その肉体に宿っていた魂は肉体を離脱して神の国へと旅立つことを確信する人々であり、究極の魂の世界を死後の世界に求めるのである。従って、現実的で人為的な「家」は、彼らにとって存続価値を追求する対象にはなっていない。「家」の存続に執着することなく、天空のはるかな高みに存在する超自然的世界へ旅立つことを最重要課題としているのである。ユダヤ教徒やキリスト教徒に多大な影響を及ぼした、モーゼの十戒として知られる神の教えの中には、「家」の存続に言及した記述は見られない。

かつて、ヨーロッパ諸国をはじめとする宗教的文化の世界は、宗教色一色で塗りつぶされていた。十七世紀初頭、これまで信じられていた天動説を否定し、地動説を打ち立てたイタリアの天文学者で物理学者でもあるガリレオ・ガリレイは、彼の説は神を冒瀆するものであると非難され、宗教裁判にかけられて不遇の死を遂げた話はあまりにも有名である。

アフリカ諸国の大半は、遠い過去の歴史においてヨーロッパ的文化に長期に亘って蹂躙され、民族的、先住民的個々の文化は根底からくつがえされ、ヨーロッパ的文化に統合されている。同様に、南北アメリカ大陸の諸国やオセアニアの国々もまた、アフリカ大陸諸国と類する形でヨーロッパ的文化に汚染され、民族的、先住民的文化は、国として形態を保つことが不可能になっている。

確かに、時代の移り変わりとともに人々の信念や観念が多様化し、神の存在やその世界の存在に対し懐疑的であったり否定的であったりと異質の思想が誕生し、広範に亘って拡大しつつあることも否定できない。また科学の世である今は、科学的証明を基礎に無神論者が日々に増殖していることを実感することも否めない。しかし、彼らの世界が「家」の永続性や家名の健全性に力点を置いた日本型の生活形態に移行する可能性を示唆する要因は、今のところ存在しないといえる。現世的で人為的な「家」の永続と名誉に関する条項は、彼らの思想の中に重要な課題として組み込まれていないのである。

中国では

二〇一四年（当時）、十三億六千四百万人を超える巨大な人口を抱える隣国、中国は「家」の概念に対してどのような標準的制度を所持しているのだろうか。私たち日本人がこれほど重要視している「家」の永続と家名の健全性を守ることに全精力を傾注する哲学に合致した、意義深い思想が何か育まれていないだろうか。

私たちの国日本は、史実を追究すればするほど、隣国中国との密接な関係が浮かび上がってくる。日本は、過去の歴史の中で数限りない文物を中国から輸入し、日本の国の文明的躍進と文化的発展に役立ててきた。稲作、漢字、仏教、仏教建築はいうに及ばず、七世紀から九世紀にかけて派遣した遣隋使や遣唐使の使節団が、現実のものとして見、聞き、感じた数々の事物を輸入し、同時に偉大な中国の文化的資質をも輸入してきた。最も感嘆すべきことは、奈良の地に栄えた平城京、京都の地に栄えた平安京といった碁盤の目のように区画して実体化した都《みやこ》の形態、それ自体が当時栄華を極めていた長安の都の模倣にすぎないということである。隣国中国が私たちの国にもたらした影響は計り知れないものがある。中国文化を抜きにして、私たちは日本文化を語ることは不可能であるといっても決して過言ではない。従って、日本人が現実的に重要視している「家」の永続性と家名の健全性を切望する思想が、中国文化の影響下にあることも推測できるのである。

中国は、宗教的には、欧米諸国や中東諸国をはじめとするキリスト教圏、イスラム教圏、ユダヤ教圏に属する国ではない。それらの教徒たちが皆無だと提言するものではないが、しかし存在したとしても、文化的形態に波及効果をおよぼすほどの数には達していないのが実状であるといえる。

誰もが認識しているように、中国は仏教国である。歴史的背景において仏教は、中国文化を形成する上で重要な役割を果たしてきた。紀元前四、五世紀頃インドの地に誕生した仏教は、時を移しながら隣国中国へと浸透し、国教として確立されたのである。その仏教は、釈迦牟尼の教理を説いた宗教であり、人々の心に内在する苦しみや迷いから解放された涅槃の境地に達することを本望としている。また、人々の生き方に善と悪の相反する思想を介入させ、前世、現世、来世といった三世にわたる次元の中で、因果応報及び輪廻転生を真理として、人々の行いを戒めることに基本理念を置いている。今、存在する現世において悪いことが起きるのは、前世において悪い行いをしたが故にである。この現世において善い行いをすれば、来世では善いことが待ち受けており、悪い行いをすれば悪いことが待ち受けているという因果応報の教理の下で、人々の行いを律し、善い行いへ導こうとする道徳的観念を主体としている。

仏教は、人の持つ倫理観、人の持つ良心、人が行う功徳を基礎とした修養的本質と、人の行動を戒める戒律的本質を持つ宗教である。宗教的観点から言及すると、「家」に対する日本人的思想に焦点を当てた項目は見当たらない。

私がかつて職場をともにした何人かの中国人（台湾人を含む）との会話内容や、いくつかの文献から得た情報を参考に、中国人が認識する「家」との基本的関係を概略的に記述してみたい。中国でも「家」そのものの概念においては日本と類似的であるといえる。そこに生きる戸主及び配偶者、そしてそれらと血統を密にする人々によって構成された家族的団体である。そこには家族の生計を司る経済活動があり、同時に冠婚葬祭のような慶事の儀式を行う慣習が育まれている。その「家」は中国ではどのような思想的背景の下に置かれているのか、説明を加えることにする。

中国では、「家」は相続の対象として人々の思想の中に位置づけられてはいない。人々は「家」の存続に対して絶対的な意義を持ち合わせてはいない。日本で見られるように、「家」の存続こそがその家族に与えられた使命であるという哲学は、中国には存在しないのである。従って「家」の永久的存続を基軸とした思想に由来する家族形態、すなわち誕生した初めての男の子を嫡男とし、家督相続権を有するものとして戸主に準ずる権力を授かるものとはしていない。家族の成員の個々は、跡取りを眼中に置いた思想を培うことはなく、家族間に階層制度が育まれることもなく、地位的序列も存在しない。次男、三男、長女、次女、三女、のように同じ両親から誕生し、長男と同様同等の血を分けた兄弟であっても、長男の配下に身を置き、かつては厄介者と称されてその「家」の重荷でしかなかった、そのような家族的秩序は中国には存在しないのである。

中国では、家督はどのような方法で受け継がれているのかを述べてみると、その戸主と配偶者との間に男の子が何人かいた時、初めての子、二番目の子、三番目の子に関係なく、それらの子供に平等に分割されるのである。最初の男の子を嫡子として家督相続人と定義づけ、権威と責任を授ける家族制度も社会様式も存在しない。男の兄弟は同率の財産分与を授かることができる。ただし女の子は、日本と同様家督相続権を得ることはなく、財産分与を授かる対象にはなっていない。どの国においても、女は年齢が達した時、結婚して実家を離れることが宿命として定着しているが故に、ということができる。男の子に財産を平等に分割するというこの理念は、家族の中に偏見や差別や不平等といった日本の「家」が抱える負的要因を育む土壌にはないと要約することが可能である。中国では、先祖祭祀やいくつかの家庭的業務を、家長の名において行うのではなく、兄弟共同の均一的連帯の下で行うのである。

中国の一般社会において、個人の能力を駆使して勝ち得た財力を利用し、地位や偏見や不平等が存在するとしても、「家」における家族構成員の間には地位や偏見や不平等は存在せず、老若男女を問わずして、平等を基本とした生活様式が培われているのである。

中国人は日本人と異なり、「家」を永久的に守り通さなければならないと執着し、そのことに執念を燃やす人々ではない。「家」は、家族が共同で生活し、子供の誕生、結婚、祖父母の死、成功や失敗、別離……といった出来事を通し、悲喜交々の感情が交差する場所として、万国共通いたるところの「家」と同様の価値づけがなされるに過ぎないのである。

しかし、ここで書き加えなければならないことは、中国にも、日本人が「家」の永続に絶対的意義を見出しているのと同等の質量で、執着している事象が存在するということである。中国人の誰もが最も気に掛け、絶対視している事象が存在するのである。中国で最重要視されている事象とは、血筋の永続である。血統を絶やすことなく永久的に存続させる、この思想が中国では最重要課題として認識されている。先祖代々受け継がれてきた血統は、次の代へ、さらに次の代へと継承されなければならない。中途で途絶えることなく永遠に引き継がれなければならない。血統の永続こそが、中国人全てが背負う重要な責務なのである。中国において、姓は先祖代々受け継がれてきた一族の血筋を意味する。一族の系図を意味し、出身母体を意味する。姓を同じくするものは、時代をはるかに溯れば同じ先祖にたどりつくことを意味し、血統を同一にするものとされている。そして、その血統によってつながる全ての人々は、宗族と称されて親族的同胞と認識されている。ただし宗族の条件として、女系は排除され、男系血統のみを総括して称するとしている。

遠い過去に共通の先祖から誕生した子々孫々は、はるかな年月を経て現在にいたる道すがら、とてつもない数に膨張してピラミッド型に裾野を広げ、巨大な人口を持つ宗族も存在している。宗族は一般的に、兄弟意識や同胞意識の下、新しく誕生する生命や成員の死によって発生する血筋の生と死、そして生活活動に伴う離合集散や環境の変化を求めて移動する成員の動向や消息に過大な注意を払い、およそ十年を単位とする中で、念入りに調査した系譜を発行していた。（ルース・ベネディクト著　長谷川松治訳『菊と刀』第三章「各々其ノ所ヲ得」六八頁）

中国では現在二万四千種類に満たない姓しか使用されていない。国連による二〇一四年国別人口予測によると、中国の人口は十三億六千四百万人とされている。その巨大な人口に対し、姓は二万四千種類に満たない数しか存在しない。日本では一億二千六百万の人口に対し、二十九万余の姓が使用され、アメリカでは三億二千百万の人口に対し百五十万余の姓が使用され、イタリアでは六千百万の人口に対し三十五万余の姓が使用されている。これらの国々と比較すると中国の姓は極端に少ない。なぜなら、血筋の永久的存続を絶対的使命とする思想が創造する親族集団、宗族を形成するが故にである。

中国においては、血筋の存続こそが人々の人生哲学といえる。中国には、〝不孝有三、無後為大〟という儒家の言い伝えが存在する。自分の代で血筋が絶えることは、自分にとってこの上ない不孝である、と同時に、父や先祖に対しても耐え難い最大の不孝であるという意味である。

中国人は列車の中で隣席する初対面の人に、まずは交流の手始めとして用いる常套手段を持っている。「あなたの名前は何といいますか」と、相手の姓を尋ねる手段である。そしてもし姓が同じなら、「あなたと私は、三百年位前なら親戚だったかもしれませんね」と、今まで一度も遭遇したことのない初対面の人に親近感を抱くのである。

私たち日本人は有史を通し、いや有史以前、気の遠くなるような昔から中国とは交流を密にしてきた。数々の事物や文化的形態を輸入し、その恩恵にあずかりながら日本文化を発展させてきた。しかし、日本人が過去から現在にいたるまで神髄として顕在化してきた「家」の永久的存続と家名の健全性を守ることに関する思想は、中国には見られない。中国文化が提唱する最重要課題の一つは、血筋の永久的存続である。中国人は血筋の継承に並々ならぬ努力を傾注するのである。確かに血筋を培う土台は「家」において他ならない。その理において「家」の存在も決してないがしろにされるものではない。しかし中国人は私たち日本人と同様、同等の質量で「家」の存続と家名の健全性をひたすら追求する人々ではないのである。

日本文化の「型」としての「家」

果たしてこの地上に、私たちの国日本と同様の文化形態を有する国が他に存在するだろうか。日本人と同様の思考行程、家族的秩序、社会形態、経済活動、政治機能を所持し、そして同様の世界観を持つ人々から成り立つ国が他に存在するだろうか。少なくとも類似に属する社会形態を持ち、日本人と何の矛盾を感じることなく、少しの違和も感じることなく、まるであべこべだと指摘されることもなく、意思の疎通を可能にする人々が生息する国が他に存在するだろうか。「家」の永続と家名の健全性を守ることに心を砕き、自己を客体へと転化させ、他人に第一義的価値を有する権利を付与し、同時に優位的存在であると認識し、そしてその他人を常に意識下に置きながら社会生活を営む人々から成り立つ国が、この地上に一つでも存在するだろうか。

私はここに再度、このような国は、この地上に、この世界に存在しないと否定の弁を述べることに到達したといわざるをえないのである。従って私たちの国の文化、日本文化は世界に類例を見ることはないのである。世界のどの領域を見回してみても、日本文化と同種の、あるいは類似的形態を持つ国は存在しないということが可能なのである。その理《ことわり》において、私たちの国の文化、日本文化は、この世界で唯一無二の存在であり、良かれ悪しかれ貴重な存在である、といわなければならない。

第二章
立場の存在

立場とは、個として「在る」こと

私たち日本人は、日常の全てにおいてそれぞれに与えられた立場を忠実に、また正確に具現化しながら生活を営んでいる。行動形態の全ては、それぞれが所持する立場を順守する形態になっている。全国いたるところどこへ行こうと、街、市、町、村、集落へ行こうと、そこに暮らす人々は定められた立場を基調としながら日々の生活を培っている。

家族を構成する一人一人は、判別のつく具体化した立場を所有している。父親、母親、長男、次男、三男、長女、次女、三女、そして、祖父、祖母のそれぞれはれっきとした立場を持ち、境界線を引いたようにはっきりと区別できる領域の中で、その行動形態を維持している。一つ屋根の下で寝食し、血のつながるもの同士として紐帯を強くする家族においても、厳格を極めた立場が存在する。私たちは、立場を尊重しながら言動の一つ一つに責任を持ち、思慮や慎重性を的確に呼応させた行動形態を取ることが必要であると認識している。

立場とは、厳密に述べるなら、その個に付随するあらゆる条件によって定義された、家族的、社会的地位を表現する概念であると表現できる。その立場は、個の持つ地位に比例した内容を基軸としなければならないという論理を持つため、個の行動領域は限定的である。従って個の行動は、必然的に限定された範囲の内側で行われなければならないという規準に従わなければならない。立場的態度を取るということは、その規準に従うということに他ならないのである。

自己に与えられた立場は、自己の思いにまかせて配置換えをしたり、放棄したりすることは不可能で、場合によっては終生同一地位、すなわち同一立場に身を置くことも有り得る。ただ、その個人が経済的に成功を収めたり、社会的に多数の人々から共感や支持を得る何か意義深い事柄を成した時、その個に与えられた立場は上位に組み替えられる。それとは反対に、その個人が反社会的行為を行って法を犯したり、そこに存在する秩序を乱して人々の反感を買ったり、信頼を裏切ったりした時、その個に与えられた立場は降格されるのである。

私たち日本人は誰もが、個に与えられた立場を、同時に他人が所有する立場をことさら貴重なものとして認識している。そして、立場的態度を取ることに終始一貫しているといえるのである。

誕生した子供は、家庭内のしつけを通していろいろな事柄を学習し、それらを自己の記憶の中に集積していく。学習することの多くは、家族とともに生活していく上で有用であり、必要不可欠とされる条件を過分に含んでいる。そしてそれらは、子供が年齢を重ねて成長し、社会へ進出していく時、社会的秩序がもたらす行動の指針を掌握するために十分に役立つ事象である。立場の存在もまた子供が学習しなければならない事象の一つである。

確かに現在の家庭は、しつけに対する厳格さは弱体化し、家族の立ち居振る舞いや言動といった礼儀を基本とした事象は、影を潜めていることも事実として認識できる。両親や祖父の威厳は、時代の流れや社会通念の変化に呼応し、決して厳格であるとはいえなくなってきている。かつて厳格に規範を順守することによって維持されていた家庭内秩序は、箍《たが》が緩み、家族の一人一人の言動に対して的確な方向性を打ち出すことは容易ではなくなってきている。従って家族間に存在する立場の意義も、その例にもれず重要性が薄れてきていると認識できる。

しかしながら、家庭の中でややもすると重要性を喪失した感が否めない立場の存在は、次に記する内容によって、自己の胸中に歴然と蘇生し、比重を増し、その重要性をことさら強く認識するようになるのである。

子どもたちは、ある一定の年齢に達すると教育機関である学校へ入学する。子供たちが成長を重ねて一つ一つ学年を積み重ねる段階で、この国では、先輩、後輩といった語彙を知るようになる。同時にその語彙の持つ意味を知るようになる。次いでその語彙の重みを痛感するようになる。そして、そこに先輩の立場、後輩の立場が存在することを認識するようになる。女子校、男子校、男女共学といった性に由来する学校組織に関係なく、全ての学校で先輩、後輩は存在している。そして顕在化した形態を持っているのである。

先輩とは、後輩に対し、ただ単に年齢が上で先に入学し、先に学業を始めたものであるという要因だけでは定義づけられない。後輩とは、先輩に対し、ただ単に年齢が下で遅れて入学し、遅れて学業を始めたものであるという要因だけでは定義づけられない。この国では、先輩、後輩の間柄には、必ず立場の介在が存在するのである。この立場の介在によってこの国では、先輩、後輩の間柄には際立った力の相違が存在するのである。この力は立場的であり、地位的序列の法則に起因するものであって、強靭で頑迷で絶対的でさえある。先輩、後輩の秩序は、この力によって支配され、統率されているのである。先輩、後輩の力関係は、不動の差別的条件として定着し、肉体的力量や理知の優位性によって撤廃させたり消滅させたりすることは不可能である。どのような条件下においても、先輩、後輩の力関係をくつがえすことは不可能であるといっても過言ではない。

一年先輩、二年先輩……は、一年後輩、二年後輩……に対して絶対的支配権を行使することが可能である。後輩の立場では、先輩の言を拒否したり否定したりすることは許されず、従順と服従と無抵抗を支柱とした言動を取ることが要求される。先輩、後輩の関係を健全に構築し維持するためには、先輩のどのような強制的言動に対しても、後輩は素直に服従的言動を取らなければならないのである。

先輩、後輩の秩序は、教員の教育によって育まれ、そして理解されているものではない。学習要項によって生徒たちが身につけたものではない。学校という教育機関が、遠い過去から現在にいたる長い年月培ってきた慣習の一環として、根強く蔓延《はびこ》る哲学であるといえるのである。そしてその哲学は、家庭内で学習した階層制度を実践したものに他ならないのである。怠惰で無頓着な現在の家庭において、立場の存在や意義がないがしろにされたとしても、この学校という教育機関は、その哲学を実体化し、同時に明確な構図のように生き返らせるのである。

先輩、後輩、そしてその立場を育む思想を持つ国は、この日本の国において他ならず、数ある世界の国々に視点を移しても見つけ出すことは不可能といえる。日本独特の慣習であると同時に、伝統的に受け継がれてきた哲学であるといえるのである。

紐や帯で結ばれたような立場

多くの少年犯罪の中には、先輩に強要された後輩が、本屋、おもちゃ屋、スーパーやコンビニ等で万引きしたという事例が存在する。また先輩に強制された後輩が、いじめをしたり金品の強奪をしたりする例もあとを絶たない。犯罪という言葉を引用するにいたらなくても、先輩が直接手を加え、後輩に暴力を振るう例も多々発生している。立場は地位を意味するため、一年でも上にある先輩の立場に対し、後輩は反抗を試みることも文句をいうことも不可能である。たとえ理性ではやってはいけない行為だと理解していても、先輩の持つ立場の重みに抗し、その行為を阻止する力量を発揮することはできないのである。

学校のみならずいかなる分野においても、人と人とが接触して社会生活を営む限り、この国では先輩、後輩の秩序が発生し、そしてその先輩、後輩に付属する立場の存在を認識しなければならない。一度発生した先輩、後輩の秩序は、強力な縁とでもいうことができる紐帯によって硬く結ばれ、学校を卒業しても、あるいは離職して職場を離れても存続していくのが常である。その最たる例の一つをここに紹介する。

二〇一二年七月二十日、愛知県警は二名の現役警察官を逮捕した。逮捕理由は、二名とも地方公務員法違反（守秘義務違反）である。同時に、元警察官のかたがきを持ち、長野県で探偵業を営んでいた一名を逮捕した。逮捕理由は、不正競争防止法違反（営業秘密侵害など）である。警察官の二人は、探偵業を営む元警察官の要請に応じて、約五千件の車検証内容を漏洩した。二人の現役警察官と探偵業を営む元警察官との間柄は、長野県警松本署梓川警察官駐在所勤務時代の同僚、先輩、後輩であった。情報漏洩事件としてテレビが流したニュースの内容によると、二人の警察官は、長野県警時代の同僚である元警察官とは先輩、後輩の関係であり、後輩である二人は先輩の要請を拒否することができなかったという主旨であった。

一般社会の誰もが、警察官という職業に従事するものは、法の番人であり、自己を厳しく律して犯罪とは無縁でなければならないと要求する。しかしこの国では、先輩、後輩の堅い紐帯は法さえも超越し、犯罪に加担する要因にもなりかねないのである。

ただ、先輩、後輩の関係が育むのは、悪の事例ばかりで色づけされているとは限らない。職場で就労する回りの人々に視点を移すと、同じ学校出身者でつのられた先輩、後輩の集団において、より親近感を抱きながら接触している。気軽さや親しさを糧として気心の知れた間柄を構築し、職場的にも個人的にも親交を深めている。ゴルフ、釣り、テニス、ハイキング、登山、飲食会を初めとする趣味の領域での交流も盛んに行っている。またこれらの人々は仲間意識を持ち、派閥を形成し、その派閥において立身出世の後押しをしたり、アドバイスをして業務遂行を問題なく終了したり、上手な世渡りの術を伝授したり、過失を犯して途方に暮れている時心の支えになったり……と多様な状況下で面目を施す仕組みを打ち立てている。先輩、後輩の立場を利用して、連帯性を主軸に会社組織を円滑に動かしている。このような先輩、後輩の上下関係を強固な連帯性へと発展させた会社組織を、私たちは数多く見ることができる。これらの状況もまた、先輩、後輩の持つ立場に裏打ちされた強靭な論理、強制と服従があってこそ可能になるのである。

教員の立場、生徒の立場

教員という職業に従事する人々もまた、立場に従順な人々である。そして教員と日々接触する生徒もまた、立場に従順な人々である。教育現場である学校において、教員の立場と生徒の立場ははっきりと区別されている。教員が所持する立場と生徒が所持する立場は、大きな相違を伴って存在している。従って、教員と生徒の相互関係は、相容れない力関係によって支配されているといっても過言ではない。教員は立場が上のものとしての立場的態度で生徒に接し、生徒は立場が下のものとしての立場的態度で教員に接している。

教員は、教壇に立って生徒と向き合いながら、教員としての業務を遂行する人々である。教育者という理念を胸中に宿し、生徒個人の能力を育成すると同時に、知識や技能を教え、そして育てることを目的としている。彼らは、教育というその言葉が指し示す定義、すなわち、教え、育てるという定義において、努力を重ねながら懸命に授業に取り組んでいる。教育者としての責務を果たすため、教科書を手にし一字一句見落としのないように細心の注意を払いながら授業を進めている。教育現場を管轄する文部科学省は、教員に求められる資質能力として、次のような要項を掲げている。

〝いつの時代にも教員に求められる資質能力〟

・教育者としての使命感
・人間の成長・発達についての深い理解
・幼児・児童・生徒に対する教育的愛情
・教科等に関する専門的知識
・広く豊かな教養

これら五項目に基づく実践的指導力を要求している。そして追加要項として、次の内容を掲げている。

〝今後特に求められる資質能力〟

①地球的視野に立って行動するための資質能力

・地球、国家、人間等に関する理解
・豊かな人間性
・国際社会で必要とされる基本的な資質能力
②変化の時代を生きる社会人に求められる資質能力
・課題解決能力
・人間関係に関わる資質能力
・社会の変化に適応するための知識及び技能
③教員の職務から必然的に求められる資質能力
・幼児・児童・生徒や教育の在り方についての適切な理解
・教職への愛着、誇り、一体感
・教科指導、生徒指導のための知識、技能及び態度

彼ら教員たちは、文部科学省が要求する教員としての資質能力を懸命に駆使しながら、教育者としての使命を全うすることを試みている。机を前にして本を開く生徒の一人一人を見回しながら、生徒が授業を理解しているか否かを判断しなければならない。理解に困難をきたす生徒には、ことさら熱意を込めて丁寧に、理解可能な用語を使用して理解へと導いていかなければならない。クラスに必ず何人かいる授業についていけないもの、あるいは先んずるものを掌握し、それぞれに適合した内容のアドバイスをしなければならない。岐路に立ち、思い悩む生徒には過去の体験

に基づく有効で実用的な提案をしたり、学校以外のことで苦悩する生徒には、奥深い思慮で親身になって実直に対応し、精神的な支えになったりしなければならない。また自己の能力を超えたより上の学校を目指す生徒には、チャレンジ精神の重要性や意欲的思考を常に維持する方法を伝授したり、意中の学校へ進学するためには、何を必要条件として取り組まなければならないかを提示したりしなければならない。

タイムカードによって管理される一般企業とは性質を異にし、何時から何時までと明確な時間的規約の中だけで業務が遂行されるとは限らない。時間を惜しまず、研修や教材研究を重ねることは、慣例化した事実として多くの教員たちが証明していることである。日々に成長する子供たちと接触を保ち、それぞれが抱える難問や愚問に対応して解答を見つけ出すことは、なかなか骨が折れるといわなければならない。納得いかない事柄も多々存在する。教員たちの大半は、教員という職業は課題の多い職業であると認識している。時に生徒の顔色をうかがい、時に愛想笑いを浮かべ、時に怒り心頭で眉を釣り上げて大声で怒鳴りかねないのを必死に抑え、時に生徒が知っているのを、教員の立場としてまさか知らないとはいえないと秘かにそのことに関する無知を自覚しつつも、次の授業にそなえて研究学習を重ねて懸命に教壇に立っている。

彼らは、生徒たちを、精神的にも肉体的にも健全で理知的な人物へと向上させることを使命としながら業務に従事し、それが教育者としての立場にあるものの役割であると認識している。そして教育的愛情を胸中に宿し、教科指導、道徳的指導、部活動指導を全うする役割を果たすため、過大な努力を重ねている。彼らは、教え、育てるというこの理論を土台にした教育現場で、懸命に奮闘しているのである。

しかしここで記述しなければならないことは、教え、育てる、すなわち教育というこの理論は、あまりにも日本的であり、同時に独自的であり、日本以外の国には存在しないということである。私たちの国の教育と、他の多くの国々の教育とを比較した時、そこには大きな相違が認識できるのである。

もちろん現在のこの世界、ほとんどの国で学校教育は行われている。小学校、中学校、高等学校、そして大学と、国は違っても教育に関する形態は類似性を持って構成されている。また黒板を背にした教員が前に立ち、席に着く生徒と向き合いながら授業を進める風景はどの国でも見られる。部活動に専念する生徒を、部活動で担当する教員が懸命に指導する姿も、どの国でも見られるものである。数学、物理、科学、化学、地理……等の教科内容は共通性を持つものであり、国の相違によって教科内容が極端に異なるということはない。従って日本の学校で学習した小学校、中学校、高等学校、大学の生徒が、アメリカ、ヨーロッパ、あるいは他の地域の国へ転校して授業を受けたとしても、日本で学習した知識が十分生かされ、異種的知識から成る特別な学問的知識を習得しなければならないという実状はほとんど存在しないといえる。生徒が学習すべき学問的知識は、国は違っても大差のない共通の内容として取り扱われているのである。

日本の教育現場と他国の教育現場との間に見られる相違は教科書、すなわち学問の中身に関する事柄ではないのである。それでは、何がこの国の教育は日本的であり独自的であるといえるのか。諸外国の教育理念との間に存在する相違は、どのような条件においてなのかを記述してみたい。

私たち日本人が当然のこととして理解している教育は、常に教員が主導的立場にあり、向かい合う生徒は、自己は客体であるというこの本質において常に非主導的であると同時に受動的立場に身を置くのである。教員は、教え、育てる、というこの理論を基軸とし、生徒は、教えられ、育てられる、というこの理論を基軸とした中で、日々机を前に教科書を広げているのである。教員は、教え、育てるという思想に執着しながら、文部科学省が言及する、教員に求められる資質能力の所持者として、教育現場で生徒と向き合っているのである。

自ら学び、自ら育つ

それに対し、他の国では、生徒として存在する自己は、その本質において、自ずから学び、自ずから育つ、能力を有するものであるということを十分理解した人々が、教育者として教育現場に立ち業務を遂行している。生徒は誰もが、自ずから学び、自ずから育つというこの理論を基調として教育現場は存在する。この理論は、学校という教育現場において、主体として主導権を持ち、活動するのは生徒であり教員ではないということに他ならない。生徒の一人一人は、たとえ小学校の低学年生であっても、学ぶことに関して積極的でなおかつ意欲的であり、自主性に富んではっきりとものをいう。消極的ではなく遠慮することを知らない。生徒の個々は誰もが、学び、育つ、いうなれば学育とでも表現できる言葉に適応した形態で学校生活を営んでいるのである。

だからといって、教員は単なる傍観者ではない。生徒は、自ずから学び、自ずから育つという本質と能力を所持している、その理において教員が担う役割は大きい。日本のように教員が主導権所持者であれば、教員の思惑と力量で授業を進めていくことが可能である。受け持つクラスの一人一人の要求が異なっていても、主導権所持者である教員は、総括的に授業を遂行していくことが可能である。しかし生徒が主導権所持者である場合、受け持つクラスの一人一人が主導権を所持しているということであり、その主導権を握る生徒の個々は、それぞれ独自的自我を所有するため、授業内容に対する要求は生徒の数だけ多様であるといわなければならない。従って教科書に記述された事柄に対して発生する疑問は、個々の数だけいくつもの異なった質問として投げ掛けられてくる。それらの質問に対応するため、実質的で密度の濃い、専門性に満ちた豊富な知識が要求されるのである。曖昧で抽象的な説明では、生徒の誰一人として納得させることは不可能で、より明確に、より具体的に、より専門的に説明する技能が必要となるのである。主導権所持者である生徒は、遠慮や躊躇といった概念を所持していない。また私たちの国で時として見られるように、理解していないにもかかわらず理解した振りをし、自己欺まんを完遂するといった要領を持ち合わせていない。誰もが自主性に満ちて堂々とものをいい、教員に対して手厳しく、不手際やおそまつを正面から非難する。そして、自ずから学び、自ずから育つということを実践していくのである。しかし何らかの失敗をした時、あるいはその結果が自己の予想に反して悪かった時、その責任を教員に押しつけたりはしない。失敗や悪いことの責任は自己にあることを認識するのである。

多くの国々の教員たちが最も重要視している教育理念は、生徒一人一人の資質や能力を認識しながら、生徒自らに答えを見つけ出させることである。生徒は、自ずから学び、自ずから育ち、そして自ずから答えを見つけ出すのである。

私たちの国の生徒は、自主性を持たず、客体的本質の下で学業を営むが故に、職業的に、教育という業務を遂行する教員たちによって、教えられ、育てられ、そして回答を提示されることを当然視している。教員は立場が上のものとして主導権を所持しながら、生徒の公私に介入して面倒を見、生徒は立場が下のものとして教員の公私の介入を許容しながら、何事においても依存していくのである。

「立場」が上の者を容認し従う在り方

どの教科を教えるにあたっても、また、文科系、体育系を問わずしてどの部活動を指導するにあたっても、立場の相違の中で行われる指導的行為は、立場が上のものの行為を正当化し、同時にその行為を容認するという慣習がこの国では構築されている。

容認するとは、相手の意思に賛同し、言葉に賛同し、行為に賛同し、そして相手の思想に同調することである。また、たとえ相手の思想が自己の思想と相反する要因から成り立っていても、相手に異議を申し立てて反論することなく、ただひたすら賛同する受動的思想で自己を納得させることである。

時に、教員の指導方法が大きな矛盾を含み、暴力的で野蛮性に満ちて、正当な動機が見つからず理解に苦しむような行為であったとしても、その行為は否定的言動を伴うことなく受理される。非合法的要素を過分に包含する行為であったとしても、立場の持つ厳格な掟の中で、生徒として指導を請うものは服従の道を選択するのが常である。教員の一方的な思惑が生み出す理不尽な行為であったとしても、わずかな抵抗を発生させることもなく、また不服を申し立てられることもなく受け入れられ、容認されるのである。

私たち一般市民の心情は、教員という職業に従事するものは、あるいは教員と同じように他人を指導する立場に身を置くものは、大多数において豊富な知識の所有者であり、同時に人間性溢れる優秀な人間としてその人物像を描く傾向にある。そしてその立場は、一般市民の立場よりはるか上に位置するもので、尊敬に値するという認識を抱いている。生徒の保護者の大半は、教員や指導者は間違ったことなどするはずがないと理解し、何事においても正当性を有するものと信じて容認するのが常である。たとえそこに理不尽さが存在し、その理不尽さに気づいたとしても、学校へ出向いて教員や指導者と対峙し、保護者としての意見と教員や指導者としての意見の間に存在する大きな隔たりを追究したりすることはない。苦言を呈することもなく、ためらいと忍耐と怠惰と寛容さでごまかしながら、自分を納得させて容認する道を選択するのである。

立場が上のものの行為は、思慮と分別において、なぜ、その行為をしなければならないのか、どこにその行為をする必要性が存在するのか、正当な動機に基づいた正当な行為なのかを言及されることはない。またその行為が及ぼす結果を仮説を立てて推察されることもなく、多くの不条理を含みながら、立場の持つ大きな揚力によって、そこに存在する強制、服従、容認といった否定的要因は征服されていくのである。


養育過程にある子供を持つ親は、どの国においても、子供の言動の一つ一つに責任を持たなければならない。そのことは国は違っても普遍的課題として広く認識されている思想である。まだ未熟で未体験の世界を生きる子供たちの行為は、善と悪を理解した上で行われるというより、自己の欲望に支配された心的要求によって行われる。あるいは善と悪を理解する能力は持ち合わせていても、悪を阻止する理性が貧弱であるため、自己の欲望に負けてしまう。そして何が善で何が悪であるかを理解して判断し、やっていいこと、やってはいけないことを区別しようとはしないのである。

欲望と興味によって、幼少の子供は、やってはいけないことを無頓着に行うことは多々ある。いたずら、意地悪、暴力、暴言、拒否、怠惰、狡猾、窃盗、破壊……といった悪の代名詞となるいくつもの行為が存在する。これらの悪の代名詞において子供がある行為を実行した時、親はその責任において子供を叱責し、律し、そしてその行為は反社会的悪行であることを認識させなければならない。同時に子供を正常で条理の世界へ導くように諭さなければならない。悪い行為を実行した子供に厳しく注意を与え、二度とこのようなことをしないように良くしつけなければならない。

多くの場合、子供は自分のした行為を、悪いことと定義づけることを認めようとはせず、否定し、反発し、無視する。親は悪い行為をした子供に、罪を犯した子供に、罰を与える選択をする。罪を犯したものには罰を与える、そのことは世界共通の理念である。悪い行為をした子供に罰を与え、二度と同じ悪行をしないようにする、それは世界共通の理念である。親はこの正当な理念によって子供を叱責する。ところが私たちの国日本では、この正当な理念の他にもう一つ別の理念、重要な理念が加算されるのである。もう一つ別の重要な理念は、日本人特有のものであり世界共通といえるものではない。

先に言及したように、私たちの国では、親は毎日接する子供が、貴重な人権を所持する一人の人間として存在しているということを認識しながら接しているのではなく、自分より立場が下のものであるというその思想によって接しているのである。たとえいとおしく寵愛の的として存在する子供であっても、その思想は揺らぐことはなく絶対的である。従ってどのような条件下であっても、親と子供は立場の相違の中で接しているわけで、悪い行為をした子供に罰を与える条件下においても例外ではない。この国では、罪を犯した子供に対し、親は簡単に手を上げて暴力的手段を取ることができるのである。

親は握り拳を振り上げ、子供の頭めがけて振り下ろす。平手で頬を張る。ところかまわず殴りつける。蹴りつける。罵声を浴びせながら耳を引っ張る。胸倉をつかんで怒鳴る。物を投げつける……。この国では、親は立場が上のものであるという条件をかざしながら、短絡的に暴力を行使し、有無をいわすことなく肉体的に、精神的に苦痛を与えることができるのである。この立場が上のものが行う暴力的行為は、罪を犯したものには罰を与えるという実質的条件の範疇に属する理念ではなく、立場の相違によって加算された理念に他ならないのである。子供は親から受けたその痛みを二度と味わいたくないという恐怖心から、このようなことはしないと明言するのである（むろん、いうまでもなく躾に名を借りた暴力は、絶対に許されるものではない）。

立場の存在は、何事においても立場が上のものには正当性が与えられ、暴力的行為さえも良識的であるという判断が下される。確かに悪い行為をした子供は罰を受けて当然であり、どのような理においても自己弁護することは許されるものではない。暴力的行為でさえも甘んじて受けなければならない。親は子供に二度とこのような悪行をさせないように、矯正のために暴力を使用した。いうなればこの暴力は、親の子供に対する愛情表現であるとも受け取れる。しかし立場が上のものが、一方的で短絡的な暴力行為を有無をいわさず与えるのは、世界広しといえども私たちの国においてのみである。立場という重要な概念は、時として卑劣で過激な状況を招きやすいといえるのである。

スポーツの世界、それぞれの立場

立場の相違の中で行われる全ての行為は、強弱の差こそ存在するものの、上のものは強制と命令、そして下のものは服従と容認という形態から成り立っている。その形態がより顕在化して認識されるのが、肉体的競争の原理を主軸とした勝負の世界、いわゆるスポーツの世界に身を置く人々の間にである。

肉体的競争の世界は、数知れぬほど多く存在する。誰もが認識するように、夏季、冬季のオリンピック競技、サッカーのワールドカップ、野球のＷＢＣ、フィギュアスケート、バレーボール、柔道、カーリング、バスケットボール、レスリング、陸上競技、水泳、テニス、卓球……を初めとして数々の国際大会が存在する。また国内的にも、国民体育大会、県民体育大会、そして各市町村で開催される競技大会が存在する。私たちの国では、小学校、中学校、高等学校等の教育機関では、必ず体育祭と称する競争の世界が存在する。他にも余暇を利用したクラブの一環として、野球、サッカー、ゴルフ、フィッシング、テニス、卓球、駅伝、空手、マラソン……と数多くの競技大会が存在する。

競争の世界は勝負の世界であり、勝負の世界には必ず勝利と敗北が存在する。例外として、勝利も敗北も存在しない引き分けという中立的要素に価値を置く制度が存在することはあっても、大多数において勝利と敗北の二極から成り立っている。いかなる競技においても、競争するものは勝利を目指して対戦者に立ち向かうことを原点としている。

競争は本質的に、互いが持つ能力を競い、互いが持つ能力を比較し、そしてどちらが勝っているか、どちらが劣っているかを判定し、そこに価値基準を制定したり、順位を制定したりすることを理念としている。従って競争の世界で勝利を得るためには、ひとえに対戦者の持つ能力に打ち勝つ能力を所持することが要求されるのである。

生理学的観点が証明することは、私たち人間の筋肉を要点とする肉体の活動機能は、刺激を効果的に与えれば、刺激を受けた個所は必ず発達して成長するメカニズムを持っているということである。練習を通して持続的に刺激を与えて筋肉を鍛えれば、必ず肉体の活動機能は発達して向上するメカニズムを持っている。男女を問わずして、あらゆる肉体は練習を積み重ねて刺激を与えれば、その活動機能を高めることが可能である。その競技者が要求する肉体的活動機能を高めることは、勝利を目指すものにとって、必要不可欠な強いられた課題であるということができる。

教員、監督、指導者、コーチといった立場を所持する指導者の各々は、自分が受け持つ競技において、どのように競技者の肉体をその競技に順応した肉体に最も近づけるかを重要課題の一つとして取り上げている。競技者は、指導者が所有する数々の技術力を通して指導する内容を習得し、理想とする肉体に近づき、肉体的活動機能を高めながら、技の一つ一つ、腰の下ろし方、足の運び、腕の伸ばし方、ジャンプの仕方、腰のひねり方、キックの仕方、スローイングの仕方、タックルの仕方……と数多くの技術的条項を重要項目として習得しなければならない。肉体的鍛錬を持続的に行うことは、勝利の道を追求するものにとって、ことさら重要視されなければならない事象であるといえる。

肉体は、理に適った合理的な鍛錬によって活動機能を高め、その競技向きの肉体に変革することが可能である。私たちがよく目にする光景の中に、校庭、公園、グラウンド、河川敷広場……等の施設で懸命に練習している人々の姿を認識することができる。日々の練習、絶え間ない努力によって肉体的機能を高め、勝利者となる夢を追い掛ける人々である。

しかし、競技者が勝利を勝ち得るためには、肉体的条件にだけ主軸を置けばいいというものではない。俊敏さを宿した活動的肉体を、鍛え抜かれた強靭な肉体を所持していれば確実に勝利を手にすることが可能であるというわけではない。勝利に必要な条件は、身も心も、すなわち身心ともに頑強でなければならない。強靭な肉体と頑強な精神を持って初めて、勝利者になることが可能となるのである。

「自己は客体である」という精神性

私たち日本人は、心の強さ、すなわち精神の強さを持つことは不得意とする人々である。大多数の人々において、精神性の脆い、精神性の弱い、と表現することが可能である。日本人は、自己は客体であるという法則の下で存在している。この法則は例外を有さず、あらゆる条件下で存在し影響を及ぼしている。この国で生を得てこの国で成長し、この国で生息するほとんどの人々は、この法則から逃れることは不可能である。自己は客体である。自己は主張しない自己であり、なぜと質問しない自己であり、でしゃばらない自己であり、遠慮する自己であり、没個性的な自己であり、慎ましやかな自己であり、消極的な自己であり、受動的な自己であり……。従って、精神性に拠点を置く活動によって成立する多くの条件に対し、積極的に、能動的に取り組むことが不可能なのである。競争の世界は他人との戦いであり、どれだけアグレッシブに相手に立ち向かうことができるか、どれだけ自己を強く押し出すことができるか、どれだけ挑戦的精神を維持することができるか、どれだけ自己を主張することができるかによって、勝敗を支配することが可能であるといっても過言ではない。精神的比重は肉体的比重よりもはるかに重いといえるのである。

常に他人を意識下に置き、そして他人に第一義的価値を与えることを承認し、自己は客体であるとする日本人独特の宿命的要因によって、私たち日本人の精神性は弱くて脆いといえるのである。いくら肉体的に優れた資質を過分に持ち合わせていても、精神が弱くて脆い競技者が、勝負の世界で対戦者を打ち負かして勝者になることは不可能に近く、敗者になる公算の方が大きい。精神的脆さが招く緊張によって、どのように鍛え抜かれ俊敏さを宿した肉体でも、思うように活動させていくのは不可能に近いといわざるをえない。状況判断や今やるべき行動内容を瞬時に把握し、肉体的活動機能に即応させなければならない条件に対し、指令を出す脆い精神は、躊躇と戸惑いの中で的確性を欠いてしまいかねない。思い切りの良さや恐れを知らぬ大胆さは、弱くて委縮しがちな精神には縁遠い事柄であるということができる。

分かりやすい事例の一つをここに紹介する。毎年、年二回、春と夏、兵庫県の甲子園球場で高校生による野球大会が開催されることは、日本人なら誰もが知っている。春の大会では、高等学校野球連盟が認定した大会で優秀な成績を残した学校が選抜され、夏の大会では、各都道府県でトーナメント方式で行われた大会で勝ち進み、優勝した学校が出場する。ただし北海道は、南北海道地区と北北海道地区に分かれていて、その地区で優勝した学校がそれぞれ出場する。また東京都の場合も、西東京地区と東東京地区に分かれていて、その地区で優勝した学校がそれぞれ出場する。

大会は連日テレビで放映され、プレーする選手たちや指揮を執る監督の表情や競技内容を事細かに、余すところなく茶の間へ届ける。その光景の中で、守備につく選手、あるいは攻撃する選手がミスを犯すことがある。ミスは勝敗を左右する致命的ミスから、大事にいたらず軽傷ですむミス等の多様な種類がある。いずれの場合でも、ミスを犯した側の監督及び選手は、ミスを犯した選手に対し、微笑を浮かべて対応している。誰一人として顔を曇らせたりすることなく、白い歯を見せてにこにこしながら対応している。本来ミスは犯してはならないことであり、あのミスさえなければ勝利を得ることができたのにと考慮する時、白い歯を見せて微笑する対象にはならないのである。その時、もし、監督及び周りの選手たちが顔を曇らせて注意をうながしたり苦言を呈したりすると、ミスを犯した選手はその注意や苦言を発奮の材料とは受け取らず、委縮してしまい、体を硬直させてさらに次のミスを犯しかねない。そのような危険性を認識するが故に皆がにこにこしているのである。精神的弱さが引き起こすこのような事例は、数校だけに起きる特別の事例ではなく、ほとんどの学校において見られるのである。ミスを犯した選手に対し、監督や周りの選手たちが微笑を浮かべて接する姿は、甲子園球場における高校球児たちの風物詩的光景でさえある。

肉体は鍛錬することによって、肉体的未熟個所を成長させることが可能である。繰り返し繰り返し練習を積み重ね、肉体の必要部分に刺激を与え、その競技向きの肉体へと変革していくことが可能である。それでは、弱くて脆い精神を強くするために、何か良い手法は存在しないのか。

弱くて脆い精神を鍛錬し、競技者向きの強い精神に改良する方法は皆無であるとはいえない。いくつか述べてみると、競技者に何度も何度も敗者としての体験を余儀なくさせ、同時に苦汁を舐めさせ、もはや敗者となることに何の恐れも抱くことはないといったある種の開き直りからくるふてぶてしさを目覚めさせる方法、あるいは指導者が受け持つ競技者の一人一人と密接な関係を持ち、一人一人の内面を分析する心理学的学問に根拠を置き、欠点や長所、人間性や性格を十分把握した上で、個の陥りやすい要因や状況を入念に説明していく方法、または個が所持する価値観に焦点を当て、その価値観を鼓舞する方法……。これらの方法は有効的ではあるが、いずれも時間と労力が要求されることは明らかで、同時に指導者の高度の資質や専門性が要求されることも明らかであり、実用的に鍛錬の場で取り入れられるのには難があるといわなければならない。

せっかちで怒りやすい

日本人の性格は、せっかちで怒りやすい。私たちはこのような評価の下で語られることが多い。日本人はせっかちで同時に怒りやすい人々である。プラットホームで待つ電車がほんの四、五分遅れただけで駅員に文句をいい、レストランや居酒屋で注文した料理が、まだ十分ほどしか経過していないのに、まだか、遅いぞと苦言を呈する。道路を往来する車の群れは、大、中、小、老若男女の運転を問わずして走行態度はせっかちで、道行く歩行者のことに気を配るほど落ち着きと余裕を持ち合わせてはいない。金融機関の待合所で、窓口業務の進行を見守りながら自分の順番がくるのを待つ人々は、何がしかの忙しなさや苛立たしさを醸し出している。私たちは、せっかちと相対する意味を持つ、ゆとりという言葉を頭脳の中で理解し、その重要性を口先で唱えはする。しかし実際に身を置く現実社会では、私たちの性分であるせっかちを基調とした構造になっていて、ゆとりはただ口先で唱える題目に過ぎない。私たち日本人は時間の推移と悠長に歩調を合わせることが可能なほど、のんきに日常を過ごす人々ではない。いつも時間を気にし、いつも時間に背を突かれ、落ち着きや穏やかさとは程遠い、せっかちな性格に基準を置いた生活様式の中で日々を営んでいるのである。このような生活様式は、遠い過去から継承されてきたのである。

比類まれな鋭い分析力を駆使し、日本人のものの考え方や行動の在り方を分析したアメリカの文化人類学者ルース・ベネディクト女史は、その著書『菊と刀』の中で、日本人は怒りやすい、と何度か指摘している（第五章「過去と世間に負目を追う者」一三二頁に、「日本人はすぐ腹を立てる」「腹を立てやすい」などの記述がある。『菊と刀～日本文化の型』長谷川松治訳、講談社学術文庫）。女史の指摘のように日本人は怒りやすく、そしてせっかちな性分なのである。立場の相違の中で常に他人を意識下に置き、そのつど対応策を考慮しなければならない時、人々は神経過敏になり、その性格は怒りやすくなることは容易に理解できる。伸びやかで自由な精神活動は抑えられ、窮屈な思想展開しか許されない環境に身を置く人々は、すぐに苛立ちをつのらせることも容易に理解できる。また日本人の食生活は、茶碗に盛られた飯を二本の箸で口の中へ掻き込み、みそ汁をすする。そこには時間的猶予を切り詰めた早飯の慣習が存在する。早く食事を済ませ、次に待ち受けている仕事に取り掛からなければならない。勤勉で知られる私たちは、食事どきの一時さえ、私的時間の一時さえ、必要最小限に抑えなければならない。そのような状況下で日常を営む時、人々は自然にせっかちになり怒りやすくなることも容易に理解できる。

せっかちで怒りやすい、を代名詞とする私たち日本人は、肉体的競争の世界に身を置く指導者と指導を請う競技者との現場において、精神を強くする独特の手法を発明したのである。数多くの時間を費やしながら、競技者にいくつもの敗北を体験させる代わり、指導者が競技者と密接な関係を保ちながら懇切丁寧に心理学的分析に基づき必要事項を説明する代わり、どのように長所を伸ばしどのように短所を克服するかを、科学的理論を礎として練習に取り組む代わり、個が所持する価値観を鼓舞する代わり、私たちは日本人向きの絶対的手法を作り上げたのである。弱くて脆い精神を奮い立たせ、突如として強い精神へと変化させることが可能な一つの手法を発明したのである。その手法は、過去の産物であると同時に伝統的とさえ思えるものであるが、二十一世紀の今日でも、この日本の土壌に深く根を下ろして有効的に活用されているのである。

日本人のせっかちな性格と共鳴し、怒りやすい気質と波長を合わせるその手法とは、気合を入れる、である。気合を入れる、この動詞を知らないものはこの国には存在しない。この動詞の意味を理解しないものはこの国には存在しない。指導者の立場的行動形態と競技者の立場的行動形態の中で、指導者は気合を入れる側に属し、競技者は気合を入れられる側に属する。

気合を入れる。この動詞は科学が奨励する手法として普遍性を持ち、万人に通用するものではないが、日本人のように客体的人々には有効的であり実用的である。精神を鼓舞しなければならない状況に追い込まれた時、「気合を入れる」は最良の手法としてこの国の人々は実践的に利用してきた。対戦相手に臆し、委縮した精神を高揚させなければならない必要に迫られた時、「気合を入れる」を絶対的手法としてこの国の人々は頼ってきた。精神の脆さを克服して挑戦的思想を育まなければならない時、「気合を入れる」を有効で即効性のある手法としてこの国の人々は確立させてきた。競技に立ち向かう時、試合に負けた場合に他人が与えるマイナス評価をあまりにも気にし過ぎるが故に、自分の持つ本来の実力を出しきれないとする日本人独特の要因を、気合を入れることによってこの国の人々は払拭してきた。

気合を入れる。この動的行為を私たち日本人は、観念の領域まで高めた。そして何ものにも勝る価値ある手法として誰もが信奉してきたのである。

気合を入れる、とは一つの動的行為であり、そこには多種多様な形態が存在する。勘が鈍いなお前は。バカヤロー、何度同じことをいわせるんだ。集中力が足りんぞ、集中力が。ボケ、いわれた通りのことをやればいいんだ。マヌケなやつだなお前は、もっと真剣にやらんか。ドジだな相変わらず、そんなことも分からないでどうする、気合の入れ方が足りんぞ。そんなところに突っ立っているやつがあるか、積極的に動くんだアホ。そんなへっぴり腰じゃまともな選手にはなれんぞ。お前にもう用はない、お前は明日から補欠だ……。掛け声、叱責、暴言、嘲笑、拳による軽打、強打、平手による軽打、強打、物体による軽打、強打、物体を投げつける、足で蹴る、類をつねる……。種類を列挙するのには非常に困難を極めるほど数多く存在する。

しかし、気合を入れるその行為は正当性に基づき形式化された、マニュアル化された要項に準ずる形で行われるものではない。どのように、またはどのような、という基準や骨子を明確化した、誰もが理解可能な行為を基調として行われるものではない。指導者の人格的中枢を担う性格と、その本意によって組み立てられた有効と認識される対処法に基づいて行われるのである。すなわち指導者の独断的意図の下で行われるのである。

多種多様な「気合を入れる」が立場が上と認識される指導者の意図を忠実に反映した形で実行された時、立場が下と認識される競技者は、納得するしないにかかわらず服従的に受け入れなければならない。この国においては、立場の相違の中で行われる全ての行為は、一対一の同価値の人間的対面の中で行われるのではなく、常に立場に内在する地位を背景に行われるのである。もちろん指導者は、自分が教える技術を習得していけば、競技者の技術は必然的に向上し、同時に精神の脆さを克服することは可能だという信念に基づいて最良の指導を心掛けている。そして、「気合を入れる」は勝負に勝つための強い精神力を育成するために必要な条件だと認識している。しかし、立場が上のものとして競技者を見下ろし、高圧的で直情的になりかねない言動を行うことは多々在り得るのである。立場が上の指導者が、いくら平静に、そして対等にを意図としながら、競技者との良い関係を構築する主旨で意見交換を図ったとしても、立場が上のものの潜在化した意識の中では、立場が下のものを見下ろす状況に変わりはなく、それに競技者自身も指導者を立場が上のものとして認識するが故に、この国では互いが自由に少しの気遣いもなく、意見交換することは不可能に近いといわざるをえないのである。

肉体的競争の世界では十二分に効果を発揮する「気合を入れる」は、視点を変えてみると納得できない理不尽さに突き当たることを見逃してはならない。多くの場合、「気合を入れる」この手法は指導者の競技者に対する暴言であり、暴力であり、怒りであり、威嚇であり、蔑視であるからである。私たち日本人は、「気合を入れる」その行為を観念の領域まで高め、同時に信奉してきた。そしてその手法を慣例化して愛着さえ抱いているのである。差し迫った状況に追い込まれた時、すぐさまその手法を使用してきた。闘争心を駆り立てる必要に迫られた時、その手法を暴言や暴力と定義づける以前に、必要な観念として利用してきた。たとえ人が所持する貴重な人権を踏みにじる行為だとしても、勝利を追求する条件においては、許されるべきことだと認識してきた。一度として、その手法に拒否権を発動させた形跡はどの時代にも存在しなかったといえる。時代の変化や社会形態の変化にもかかわらず、その手法は用いられ続けてきた。なぜなら、日本人のせっかちで怒りやすい性格と、この上なく適合するものであり、互いの立場を尊重する社会形態とも符合する要因を、過分に有するからに他ならないからである。

私たち日本人は、ことさら立場を尊重する人々である。この日本社会で生息する全ての人々は、それぞれ立場を所有している。私たちは、あらゆる条件の中で、自己の立場、他人の立場を認識しなければならない。そしてあらゆる行動形態は立場的でなければならないと理解している。立場が上のものは下のものに強制し、命令することが可能であり、下のものは上のものに抗すること、異議を唱えることは不可能で、服従と容認といった無抵抗を基礎とした行動しか取ることは許されないと理解している。人と人とが接触して構築する社会様式は、強制と服従と容認によって秩序立てられているということができる。私たちの日本社会は、誰もが互いの立場を尊重し、同時に立場的態度を取ることによって成り立っているのである。

第三章
かたがき化

タテ型社会の価値観のなかで

「家」を主体に発展してきた日本文化は、階層制度を抜きにして語ることは不可能である。「家」に由来する条件において家族の間に階層制度を育み、それを子供時代から学習し身に染み込ませてきた私たち日本人は、成長して社会へ進出していった時、身に染み込ませている階層制度を当然のごとく、社会全般の構造の中で活用していくことを定めとしている。そして、社会全般の構造の中で、地位的序列を常に該当させながら日常の全ての活動をするものであり、同時に地位と立場の存在を、人々が形成するあらゆる組織の中に認識するものである。誰もが理解しているように、私たちの社会は縦型社会であり、縦割り行政であり、格差社会であり、そして差別社会である。人々は家庭の中で学習してきた階層制度を原型として社会様式を組み立てているのである。

興味深いことに、この国では、階層制度の対象となるのは人間ばかりとは限らない。人間対人間においてのみ、階層制度が培われているとは限らないのである。人々が活動して作り出す諸々の条件の中に、階層制度は培われているのである。例を挙げると、職業、学歴の有無、居住地域、経済状況、家屋の有無、体躯の健全性や障害の有無……等において私たちは地位の差違を認識することができるのである。

職業において。医師、八百屋店員、農民、警察官、教員、スナック経営者、清掃員、弁護士、看護師、町役場公務員、ホテルフロントマン、政治家、パチンコ店店員、漁師、理髪師、大学教授、一流企業社員、保育士、バーホステス、旅館経営者、ケーキ職人、土木作業員、会計士、銀行員、競輪選手、野球選手、デパート店員、居酒屋従業員、バスドライバー……。知り得る限りの全ての職業は、微妙なニュアンスの下、職業それ自体に地位が存在するのである。また同じ銀行員でも、大手銀行員か地方銀行員か、それとも信用金庫行員かによって地位の差違が生じる。学校の教員もまた、大学教授か高等学校教員か中学校教員か小学校教員かによって、地位が明確化する。大学教授と小学校教員の間には、歴然とした地位の相違を認識することができる。

学歴の有無。国立の一流大学出身か、私立大学出身か、地方の在り来りの大学出身か、高等学校出身か中学校しか出ていないのか。たとえ能力的に優秀で、誰にもひけを取ることなく業務を遂行することができたとしても、中学校しか卒業していない人物に対し、人々は下の地位を付与するのが常で、大学を卒業した人物に上の地位を授ける慣習が私たちの社会には存在する。

居住地域。この地理的要因もまた、多様な次元で地位が存在する。全国的に見れば、政治、経済、物流の中心地で、大都会である東京を起点として地位の存在が考慮されている。その東京から、四方八方全国に拡散していくいくつもの都市が存在する。南は九州、沖縄、そして北は北海道にいたるまで数限りなく多くの都市、町村が存在する。人々が集まる繁華な場所、駅の近くで利便性に優れた場所、緑があり静寂で居住環境に申し分のない場所……といった利点を基礎に、国が年一回発表する土地価格と絡み合わせて人々は地位の査定を行う。東京都内に限っていえば、二十三区内か、そして二十三区内だとしたらどの区か、杉並区か台東区か世田谷区か北区か新宿区か目黒区か港区か……。また都下の立川市か日野市か八王子市か……。人気のスポットや有名な歓楽街が控えていれば査定の対象となり、特筆すべき要因が存在しなければ見過ごされる。大都会、都会、市、町、村、そして田舎と人々はランクづけをする。

家屋の有無。持ち家か、持ち家だとしたら、大きいか小さいか、木造建築か鉄筋コンクリート建築か。借家だとしたら公営住宅か私営住宅か、またマンションかアパートかによって地位の相違が発生する。

経済状況。経済的に恵まれているか、それとも問題を抱えているか、あるいは貧しているか、借金を抱えているか、抱えているとしたらどの位の借金なのか……の条件によって地位の差違を認識する。

体躯の健全性や障害の有無。健康体であるか病気がちであるか、四肢のいずれかに障害を有しているか、有しているとすればどのような内容なのか、歩くことは可能なのかそれとも車椅子を使用しなければならないのか……によって地位の差違が明確化する。

ここに紹介した例は、ほんの一部に過ぎない。この国においては、人間活動におけるありとあらゆる条件が地位を包含しているのである。東京、大阪、鹿児島、沖縄と都市の名前をいくつか並べた時、そこには必ず地位の存在を認識することができる。日本人なら誰もが、一に東京、二に大阪、三に鹿児島、そして最後に沖縄を持ってくる。同時に都会と田舎というふうに区別をして差別し、都会もの田舎ものという概念を抱く。また職業においても、八百屋店員、バーホステス、芸術家、トラック運転手、大学教授、漁師、歌手と並べた時、私たちはその職業において地位の相違を認識することができる。そして私たちは、これらの職業を階層制度の法則に基づき、地位的序列を作成することができる。類似的概要が存在する場合、多少の困難は招くとしても、少なくとも、大学教授、バーホステス、弁護士、トラック運転手においては、誰もがそれほどの困難を伴うことなく序列を作成することが可能である。健全な人々と障害を持つ人々との間にも、れっきとした地位的差違の存在を認識することができる。健全な人々は障害を持つ人々に対し、対等という意識を決して持つものではない。障害者は健全な人々より劣る存在であると認識しているため、当然ながら地位は下に位置すると理解している。

私たちは、人間活動のあらゆる条件の中に地位を認識する人々である。なぜなら、地位を認識することによって、あらゆる条件の中で生きる人々の立場を理解することが可能になるからである。私たちは、立場をこの上なく貴重なものと位置づけている。その習性は日本人的性《さが》と称することができるものである。

「かたがき」において相手を見定める

立場を尊重する私たちの社会は、人と人とが遭遇して交流を持つ時、必ず互いの持つ立場を明確にしなければならない。

私たちの社会は、相手の立場を理解するため、相手を「かたがき化」することを慣例として定着させている。相手がどのような条件下にある人物であるかをかたがき化し、そして、相手の立場を明確にするのである。K市の駅近くのマンションに住居を持ち、国立大学出身でA都市銀行に勤務し、Y支店で支店長をしている五十三歳の男という「かたがき」を作成する。そして、地位的序列の法則を適応して、地位の確定と承認を実行する。それは同時に相手の立場を理解することでもある。かたがき化することによって、相手の立場を掌握した当事者は、自己に授けられた立場と相手の立場を比較する。そして自己の方が立場が上であると認識すれば、立場が上のものであるという立場的態度で接し、下であると認識すれば下のものであるという立場的態度で接する。この立場的態度で接することができるようになるまで、相手は素性の知れないものとして近づきがたく、ただ推量を重ねながら遠くからながめているだけである。

客体である自己は、優位的存在である他人に対し、興味の対象として自ら近づいて積極的に話し掛け、直接会話を交わすことによって相手の素性を知り、どのような履歴の持ち主なのか、どのような社会的立場にいる人なのかを、暴き出そうと試みることはしない。自主的に誘いを掛けて自在に会話を楽しみながら、相手の人物像を掌握しようとすることはしないのである。あくまでも、かたがき化を終了し、K市の駅近くのマンションに住居を持ち、国立大学出身でA都市銀行に勤務し、Y支店で支店長をしている五十三歳の男という人物像を作成したのち、近づいていくのである。

「かたがき」は社会的立場や履歴や存在性を代弁するもので、重要な役割を果たす。日常的に業務上取り交わす名刺上に記載されたかたがきは、その人の履歴や社会的立場を端的に紹介している。○○会社常務取締役、××会社渉外担当部長、△△会社人事課長、○×地区区長……と様々なかたがきが存在する。この名刺を受け取るものは、紙面上に印刷されたかたがきから、この人の人物像を描き出して把握するのである。かたがきを理解することによって、この人との関係を構築する上で失態のない立場的態度を取ることが可能となるのである。

私たち日本人は、このかたがきに非常に重い質量を加え、動かしがたい貴重な概念としてことさら重要視しているのである。

互いに名刺を交換し、名刺上に記載された内容のかたがきを頼りに、互いは人物像を掌握する。そして何らかの理由で、互いは意気投合して交流を持ち、懇意の間柄に進展する。たとえば、○○会社人事部長×氏と△△会社経理部長S氏が密接に接近して、互いに相手を最良の友人であると認識するにいたる。そして仕事を離れた個人的領域でも親交を深める。この二人は、互いをなくてはならない存在だ、と認識する間柄になる。しかしながらこの二人の関係は、どんなに打ち解けあっているようであっても、どんなに信頼しあっているようであっても、どんなに密接で無二の親友のようであっても、二人はかたがきが表現する表面的人物像に対し話し掛けて親交を深めているのである。そして、決して、その本人が所持する公的氏名が呈示した一人の人間に対し話し掛け、交流を密にしているのではないのである。かたがきを取り払った生身の人間に話し掛けているのではなく、また、その本人の持つ人間性に話し掛けているのでもない。互いの内懐に存在する心に向かって話し掛けているのでもない。互いが相手の本心まで下りて行き、そして本心をさらけ出しながら会話をしているのではないのである。あくまでも、かたがきが表現する内容の人物に対し、すなわち、かたがき上の人物に対し、会話を持ち交流を深めているのである。私たちの国では、人間対人間が接触して交流を持つのではなく、かたがき対かたがきが接触して交流を持つのである。人々はかたがき上の人物に対し、挨拶し、微笑し、話し掛け、交流を持つのである。

私たちの日常には、種々雑多な会話が存在する。立ち話、座談会、同僚同士の会話、飲食店での会話、重要な取り引き上の会話、気の合う友人同士の会話、宴席での会話、親子間の会話、夫婦間の会話、教員と生徒の会話、主婦同士の会話、兄弟姉妹の会話、老人と子供の会話……。様々な状況の中に様々な形態の会話が存在する。自由でぞんざいで気楽な会話から、慎重に言葉を選択し、慎みや恐縮を感じながら進める重々しい会話が存在する。

私たち日本人は、どのような形態の会話であっても、その当事者同士は、互いの持つかたがきに対して話し掛け、会話を営んでいるのである。親と子というかたがきにおいて、夫と妻というかたがきにおいて、上司と部下というかたがきにおいて、仲の良い友人同士というかたがきにおいて、教員と生徒というかたがきにおいて……会話を成立させているのである。会話の対象者が所持するかたがきを無視して心の底へ下りて行き、その本心に向かって話し掛け、会話を培うことはない。互いに立場的態度を順守することを礼儀とするこの国の人々は、常に会話の対象者のかたがきを認識しながら接触を持つ。そして、かたがきの主である「山本和夫」（仮名）という個人は、その人間性を含め、背後に押しやられてさほど重要視されないのである。

「かたがき化」の事象から

私たちの日本人社会は、「かたがき」に満ち満ちている。この国の人々は、思想を通して数多くの事象をかたがき化する。犯罪者、変わり者、飲んだくれ、高校球児、外国人、白人、黒人、イギリス人、フランス人、中国人、ブラジル人、金メダリスト、銀メダリスト、銅メダリスト、作家、十五歳、六十歳、七十八歳、赤い羽根共同募金、しっかり者、ひねくれ者、優しい人、国際派女優、海外組、テニス選手、優等生、ずるい人、なでしこジャパン、サムライジャパン、ボランティア活動、正直な人、意地悪な人、聾唖者、誠実な人、男、女、長男、次女、三男、主人、妻、大学生、高校生、ＷＢＣ組、ノーベル物理学賞授賞者、老人、若者、芸術家、サラリーマン、身体障害者……。
私が毎日利用する電車の中に、次のようなポスターが貼られていた。

主唱　法務省
再出発を見まもり　支える社会に
第六十三回　社会を明るくする運動
犯罪や非行を防止し　支える地域のチカラ

おかえり。

つぐなう、とは
その後の人生をきちんと生きぬくこと。
犯罪や非行をにくむのと同じように、
あやまちを悔いる人を受け入れられるかどうか。
立ち直りへの決意と、それを支える社会。
ともに試されるのが、更生保護の取り組みです。

このポスターが意図することは、犯罪を犯したものが刑務所に入所し、真面目に刑をつぐなって再び社会に出てきた時、偏見を持ったりすることなく、また差別をしたりすることなく見守り、社会の一員としてむかえ入れるための地域の人々の温かい心遣いの必要性である。刑期を終了して出所してきたものは、もはや罪人ではなく、私たち一般の人々と同様、この社会で生き、生活する権利を有する。社会の誰もが、この権利を否定することもできないし剝奪することもできない。当人は、社会の一員としてむかえ入れられるべきである。

しかし、この日本社会では、犯罪者としてのかたがきを持つと、簡単には受け入れてくれないのである。たとえ当人が、後悔と改心の念を抱きながら真面目に刑期を終了し、二度と罪人などにはならないと強い決心の下で出所したとしても、犯罪者というかたがきを払拭することは不可能なのである。また、当人の両親が子供の犯した罪を詫びて不徳を反省しても、友人知人がどんなに庇い立てしても、このかたがきを消滅させることは不可能なのである。

犯罪者というかたがきは、この国の人々にとって重い質量を伴って心の中に染み込んだ事象である。他人は優位的立場に存在すると承認するこの国では、優位的立場の他人によって一度かたがき化された事象は、客体的存在である当人のいかなる努力でも、打ち破ることは不可能なのである。立場を重要視して「かたがき化」に専念する他人の心の中に一度染み込んだ事象は、そう簡単に洗い落とすことはできないのである。従って当人がいくら自己努力を重ねて、そのかたがきを無にしようと誠心誠意試みたとしても、消滅させることは不可能であるといわざるをえない。

ここに町工場を経営する人徳のある人が存在し、出所した犯罪者のかたがきを有する人の身を案ずるあまり、自分の工場で雇い入れ、差別することなく、雇用条件を他の従業員たちと同等の内容で働かせたとする。この町工場の経営者が日本人である限り、どんなに人徳のある人であろうと表面上はいざ知らず、その内面においては、そのかたがきがもたらす偏見を無にすることはできない。犯罪者としてのかたがきを有する人を雇用したという度量は持つにしても、偏見を捨てる度量は持たないのである。従って、当人は、犯罪者としてのかたがきと共棲する道を選択するより方法はないのである。

法務省が電車内にこのポスターを何万枚貼ろうが、何十万枚貼ろうが何百万枚貼ろうが、法務省の思惑が結実することはないといわなければならない。

老人ホームでボランティア活動をした高校生なのに

私がかつて住んでいた町の一角に二階建ての老人ホームがあった。年一回、必ず定期的に近隣の高等学校に通う学生たちが、「ボランティア活動」という課題の下、慰問に訪れた。二十人ほどの人数で、肩口に学校の名称を入れた学生服を着用し、男女混合であらわれた。

学生たちは誰もが自発的で親切であった。老人ホームに設けられた広場の中央へ進み出て、歌を歌い踊りを踊り盛んに和みや笑いを提供し、この、身寄りの少ない高齢で体を思うように動かすことができない人々と楽しい一時を過ごした。体の不自由な老人を二人掛かりで手助けして立たせ、踊りの輪の中へ誘った。心遣いを厭うことなく懸命に体を支え、長い間活動を控えていた体にささやかな気力を蘇らせた。手を上げ足を運び、ゆっくりとおぼつかなげに体を回す老人を、心配そうにうしろから見守った。二人の学生は腰を低く構えて、緩慢な老人の動きに歩調を合わせながら踊りを教えた。別の組は車椅子を注意深く押して踊りの輪の中へ参加し、忙しなく世話を焼いた。学生たちは思い思いに面倒見の良さを発揮した。肩をもみ、盛んに相槌を打ちながら会話の相手をし、白髪に櫛を当て、この一時を有意義に過ごした。学生たちは老人ホームの看護職員顔負けの心遣い、親切心、優しさを心置きなく提供した。そして、口々にいった。とても楽しかったです、またぜひ来たいです、長生きして下さいね、おばあちゃん。老人ホーム側から感謝の弁が述べられた。このような学生たちの行為を、他人は高く評価し地方誌の片隅に賞賛とともに紹介した。

しかし、この同じ学生が、毎日通学に利用する電車の中で目の前に立つ老人に席を譲るという行為をすることはない。老人ホームで、あれほど親切に細やかな気配りをしながら老齢の肉体を支えていた学生が、電車の中で目の前に立つ老人に席を譲ろうとはしない。学業に集中したため、目の前に立つ老人より疲労が蓄積し、とても席を譲る状況にはないのか、隣に座る学生との会話に立ち上がると支障をきたすためなのか、スマホのゲームに熱中し過ぎるためなのか、まったく無神経である。老人が疲弊した肉体をようよう吊革で支えているのに、知らぬ存ぜぬを決め込んでいる。通学電車の中は、誰の思想も評価を下して「かたがき化」する圏内ではない。乗客はほとんど他の乗客のことに注意を払うことはない。老人に席を譲って善行をした学生と「かたがき化」する状況にはない。従って、学生は他人の思想が「かたがき化」することを認識しない限り、自己の資質のままに行動する。不親切で無神経で思い遣りに欠けた資質のままに行動する。客体である自己は、他人の思想が「かたがき化」することこそが、行動形態の基軸となるのである。自主的に親切心を発動することはしないのである。いや、できないのである。自主性を持ち合わさない客体的人々にとっては、できないのである。

「この人痴漢です」、と

私たちは、人々が織り成すほとんどの条件の中で、「かたがき化」する習性を所持している。しかし、「かたがき化」する主である他人が、自分自身のことに神経を注ぎ、客体である自己の方まで目を向ける余裕のない状況下にある時がある。満員で身動き一つ取れない通勤通学の電車の中、一〇〇キロ近くのスピードで走る電車は間断なく揺れ、他人はバランスを保つのに懸命で自分自身のことに集中している。また人と人とが隙間なく接するため、空間が閉ざされて客体である自己の存在を意識することができない。自己は、他人の思想が己に向けられないことを認識する。同時に、他人の思想が人的障害物に遮られ、背後に隠れることができると認識する。

自己は本性の命に忠実に服従する。右隣で吊革にしがみつきながら電車の揺れを忍ぶ、女子高生の背後に密接に近づき機敏に手を伸ばす。女子高生は体を硬直させ、必死に逃れようと試みる。

しかし人と人とが押し合いながら混雑する車内には、一歩たりとも体を移動させる空間など存在しない。自己は、他人の思想が決してこの隠ぺいされた空間に入り込まないことを知覚する。また、女子高生が声を上げて周りの人に助けを求めることはないと認識する。自己は、平然と女子高生の衣服の上から丸みを帯びた肉質の尻に触れ、満足の体で何回も撫でる。自己は卑劣な痴漢行為を堂々とやりぬける。身動き一つ不可能な密閉された空間。電車はカーブを曲がり車輪をきしませ、体と体が右に左に揺れる中で窮屈な姿勢を強いられた女子高生は、逃げることも抗することもできず、苦悶と羞恥と恐怖を身にまといながらもなす術を知らない。自己は、手慣れた様子で指先を軽妙に移動させ、堪能しながら執拗にこの常習的行為を継続する。

痴漢はれっきとした犯罪である。各都道府県は、「迷惑防止条例」または「公衆に著しく迷惑をかける暴力的不良行為等の防止に関する条例」を制定し、違反者には罰則を課し、罰金刑や懲役をいい渡すとしている。しかし、他人の思想による裁定により重い比重を置く自己にとって、この密閉された空間は、他人の思想が入り込む余地はないと認識し、同時に、痴漢、というかたがきを授けられる恐れを抱く必要はないと認識するため、意思のおもむくままに行為を継続するのである。どのような条例が制定されようと、どのような刑罰が課されようと、自己にとっては無効同然であり功を奏すことはないのである。

一方、女子高生の方に視点を向けてみると、なぜ、この女子高生は拒否の声を上げ、「やめて下さい、この人痴漢です」と大きく叫ばなかったのか、疑問が湧き起こる。背後から密着する男の卑劣な行為を中止させるため、「この人痴漢です」と周りに聞こえるように大きな声を上げ、断固たる拒否の態度を取らなかったのか理解に苦しむ。男の強硬な行為に圧倒され、体と同様口が強張り声を喉元から押し出すことができなかったのか、大声で叫ぶ勇気が胸中に存在しなかったのか、声を上げることによって男に驚きと侮辱を与え、さらに別の、もっと悪質な行為へ扇動することを回避するための手段として沈黙を保っていたのか、それとも、次の駅で電車が停止し、ドアが開くまであとしばらくの我慢だと諦めの境地でその場をやり過ごすことを、すでに過去の体験から学習していたのか。

女子高生が大きな声を上げ、「やめて下さい、この人痴漢です」と叫ぶことは、周囲に存在する他人の思想を自分の下に引き寄せることになる。いくらぎゅうぎゅう詰めの電車の中であっても、甲高い異常な声を上げれば、周囲の人々はその声の方向へ首を回し、視線を持って行き焦点を合わせて声の持ち主を確認する。そして好奇の目でジロジロ見詰めながら、女子高生が陥った状況を理解して、痴漢された女子高生、という認識を抱く。同時に、痴漢された女子高生、というかたがきを作成する。

女子高生は、周囲に存在する他人によって裁定を下され、痴漢された女子高生、とかたがき化されることを嫌ったのである。他人は、卑劣な行為をした男に、痴漢、というかたがきを付与すると同時に、被害者である女子高生にも、痴漢された女子高生、というかたがきを付与するのである。ひとたび他人によって付与されたかたがきは、自己努力では決して無にすることはできない。自己の力でそのかたがきを剥ぎ取り、捨て去ることは不可能である。従ってこの女子高生は、痴漢された女子高生、というかたがきを日常的に背負いながら、通学電車に乗車しなければならない。この女子高生は、そのかたがきが高校を卒業して大学生になってもつきまとうことを認識している。そして大学を卒業して社会人になってもつきまとい、結婚して主婦になり子供ができてもつきまとい、大げさにいえば、この先ずっと、終生つきまとうことを認識している。第一義的存在である他人によって、痴漢された女子高生、とかたがき化されることは耐え難いことであると理解するが故に、忍耐強く我慢して声を上げなかったのである。

この女子高生は、加害者ではなく被害者である。それにもかかわらず、この国では、そのような理不尽を被るのである。クラスメートの大半は痴漢の犠牲者だった。痴漢の被害に遭遇したことのない未体験者はほんの一握りに過ぎなかった。どうすれば痴漢の魔の手から逃れられるのか、討論が行われた。皆、口々にいった。「勇気を出して、声を上げるべきよ、この人痴漢ですと」。しかし、かたがき化されることを恐れる自己の言葉は弱く、実践を伴うことはなかった。死角を利用した常習者の卑劣な痴漢行為は、法や理性や正義感に組み伏せられることはなく、それらを嘲笑しながら途絶えることはない。

かたがきとしての「外国人」

外国人という「かたがき」が存在する。私たち日本人が、外国人と称するのは日本人以外の人々のことであり、法的には、日本国籍を所持していないものと規定されている。しかし、厳密にいえば、外国人の定義は法令上若干の相違を有するため統一されているとは限らない。ただ、ここで私は、外国人の定義を法的に追究し、外国人とは何かを明確に証明することを意図するのではなく、一般的に、この国に滞在する日本人以外の人々のことについて言及してみたい（なお、観光目的で来日している人々は除外とする）。

近年、この国でも数多くの外国人の姿を見掛けるようになった。私たちの視野がとらえる外国人は、白人、黒人、黄色人種……と様々で、肌の色、髪の色、そして背格好や容貌等から、ただちに外国人だと判別可能な人々から、肌の色、髪質、目鼻立ち等において、私たち日本人とほとんど差違を確認することができない人々までいる。ただ視野がとらえる外的要因によって、あの人は外国人だと定義づけるのにはかなり語弊が生じるといわざるをえない。なぜなら、外的要因はまったく日本人と掛け離れていても、日本人と結婚して日本国籍を取得している人もいるし、あるいは日本人と他国の人との間に誕生した子供の多くは、異国的容貌を持つものであり、また法的に帰化の手続きを取り日本国籍を取得している人もいるからである。

中国、韓国、東南アジア諸国をはじめとし、中南米諸国、ヨーロッパ諸国、中東諸国、オセアニア諸国、ロシア、そしてアフリカ大陸の諸国と世界のいたるところの国々の人々が、この国に滞在している。短期的に、中期的に、長期的にこの国に住居を構えて定着している。彼ら外国人が、短期的にしろ中期的にしろ長期的にしろ、この国に滞在するためには、在留資格、という法的資格が必要である。その資格は法務省の管轄下において支給され、彼らの滞在期間、目的及び条件によって種類が異なる。彼らが取得を要する在留資格は人それぞれであるが、いくつか例を挙げると、留学、技術習得、研究、特定活動、定住者、日本人配偶者等、教育、研修……等があり、約三十近い資格が存在する。

法務省入国管理局の統計によると、平成二十八年（二〇一六）末現在、在留資格を所持するものの総数は、二百三十八万二千八百二十二名とされている。すなわち二百三十八万余の外国人が、様々な要因でこの国に滞在しているのである。彼らは首都圏や大都市だけに限らず、国内のいたるところで生活している。彼らが生まれ育った国の文化的土壌と私たちの国の文化的土壌は、大きく掛け離れていると認識している人々も少なくない。たとえ隣国、中国や韓国であっても、文化的土壌は大きな相違を見せている。そして、彼らの人生観や行動形態もまた私たち日本人とは大きく異なるものである。ブラジル人やペルー人を代表とする日系二世、三世のように日本人の血が百パーセント、五十パーセント、二十五パーセントと体内に流れていても、文化的背景が異なれば、彼らは日本人的ではなく、彼ら的である。

私たち日本人は、ことさら外国人に対し偏見を抱く人々である。外国人コンプレックス。アメリカ人コンプレックス、フランス人コンプレックス、イギリス人コンプレックス、イタリア人コンプレックス、中国人コンプレックス……は二十一世紀の今日でも人々の話題に登場する。偏見は好意的偏見もあれば、非好意的偏見もある。この国の人々は総じて、白人に対し好意的であり、接する態度は常に慇懃で、愛想と親切心と低姿勢と媚に満ちている。その一方、黒人や黄色人種に対しては好意的とはいいがたく、接する態度は不遜で無愛想で手厳しく、多くの人々は接触を持ちたがらないといえる。私たち日本人は、このように外国人に対し偏見を持ちながら接しているのである。

語学学校のマネージャーとして

私はここに、私の履歴の一部を紹介することにする。私はかつて東京に居を構えていたことがある。その時、千代田区平河町に本部を置く私立の語学学校に勤務していた。学校は日本人には英語を、他国の人には日本語を教えていた。全国に十三の分校を持ち、私が勤務する平河町の八階建てのビルの二階に本校と運営本部を設けていた。学校の営業活動は、別のビルに本部を設けて成されていた。

私の業務内容は、マネージャーとして、本校及び分校で英語を教える全ての教員たちと意思の疎通を図りながら統轄し、生徒たちに申し分のない授業を提供することであった。本部の事務スタッフは、私の直属の上司を含む九名の日本人と四名のアメリカ人で構成されていた。四名のアメリカ人は、ハワイ、カリフォルニア、テキサス、アイダホの州出身で、アイダホ州出身者は日本人女性と結婚し、二人の男の子がいた。私は四名のアメリカ人とともに、教科書の作成、教員の採用、時間割作成、毎週土曜日に自由参加の名目で行われるイベントの考案と実施、問題を抱えた教員へのアドバイス、そして生徒が抱える問題や不満に対する対応等を、日常的に受け持っていた。

この学校へ通う生徒たちは、高校生、大学生、一般社会人が大半を占め、必要性や趣味の領域で学習していた。教員陣は全てネイティブイングリッシュを話す、アメリカ人、イギリス人、カナダ人、オーストラリア人、ニュージーランド人、そしてアイルランド人に限定されていた。ただ、ネイティブイングリッシュを話すからといって、誰もが教員になれるわけではなかった。四年制大学あるいは三年制大学を卒業、または三年以上教員としての実務経験を有することが必要条件とされていた。教員たちの総数は、本校、分校を合わせると、四、五十名にのぼった。

生徒たちは、校内に設置されたいくつもの設備を自由に利用することができた。数多くの英語版ＤＶＤ映画が揃えられ、また英語雑誌やジャパンタイムズをはじめとする英字新聞等が揃えられ、時間の許す限り鑑賞したり読んだりすることが可能だった。

この学校には、最も魅力的といえるシステムが一つあった。本校も分校もこのシステムを取り入れていた。このシステムとは、生徒たちはクラスで授業を受けることの他に、ラウンジで自由に英会話を楽しむことができるというものだった。各校とも広めのラウンジを有し、そこにいくつかの円卓を置き、五、六脚の椅子が周りを取り囲んでいた。円卓のそれぞれには、英語を自由に操ることができる外国人が一人いて、生徒たちはクラス授業の前後を利用し、フリートーキングすることが可能だった。この円卓利用は、授業を受ける受けないにかかわらず自由に参加できるものであり、別途料金は必要としなかった。私が勤務していた本校のラウンジは、常に多くの生徒たちで満ちて、たどたどしいながらにも活発な会話の応酬で賑わいを呈していた。

この円卓を預かる外国人たちは、英語を流暢に話し、文法的間違いをほとんど犯すことはないが、しかし、ネイティブの人たちではなかった。インド、フィリピン、中国、マレーシア、ヨルダン、アルジェリア、エジプト、ロシア、ブラジル、ノルウェー、スウェーデン、タイ、ブルガリア……の国々の人々だった。私たちは彼らを、カルチャーレプレゼンティティブスと称し、それぞれの国の文化を紹介しながら、遠慮がちな生徒たちの英会話を向上的に導くことを期待していた。彼らは余暇を利用し、アルバイト的立場でこの学校に勤務し、本業は別の形態を持っていた。その多くは大学で学ぶ留学生であり、他に医療研修、ジャーナリスト、日本企業社員、日本人配偶者……と様々で、形態の相違は知識や専門性の相違であるため、生徒たちの興味を多方面へ誘うために役立っていた。彼らが話す英語は、アクセントが強かったり癖があったり濁ったりと、純粋なネイティブの人たちのような英語ではなかった。しかしこの世界にはいろいろな種類の英語が存在する、何もネイティブの人たちが話す英語だけが英語ではないという認識を生徒たちに抱かせるためには良い体験であると私は信じて、彼らに対する信頼度は高かった。

教員たちもまた様々な形態を持っていた。私たちの国では、英語教員は高給取りで好待遇であり、四、五年英語教員をやれば大金持ちになれ、その金で世界を回ることができるという金銭目的のもの、オーストラリア母娘のように世界に類を見ない日本文化に心酔し、英語教員をしながら日本舞踊、生け花、茶の湯を習得しようと試みるもの、今は亡きジェームス・ジョイスの母国アイルランドで高校教員としてアイルランド語を教え、五年間のキャリアブレイクを得て、この極東の地日本で英語教員をし、教員職の職業的技能にさらに磨きをかけようと励むもの、日系三世のアメリカ人女性で鎌倉に在住し、休日には神社仏閣を巡ったり温泉を堪能したりして、日本人的慣習の虜になっているもの。日本人配偶者を持ち、その良き点悪き点を隠すことなく大っぴらに論じるイギリス人男性、日本文壇の最高峰に位置するノーベル賞作家でもある川端康成氏の代表作『伊豆の踊子』『千羽鶴』『雪国』『山の音』を読んだが、いずれも主人公たちの感性を理解するのに苦しみ、あまり楽しむことができなかった、と日本文学の一端に苦言を呈し、ヘルマン・ヘッセの分厚い作品集をこよなく愛読していたカナダ人、あいつは間違いなくゲイだよ、と教員たちが口を揃えたブロンズの髪を肩まで垂らしていたオーストラリア人、私立大学で英語教員の職に就く長身のイギリス人……。

私はこれらの外国人たちと常に接点を持ち、交流を重ね、そして親密に交際した。教員たちともラウンジスタッフたちともよく会話を持った。頻繁に居酒屋で談笑し、日本人の良し悪しを追究する議論を数えきれないほど行った。彼らが主催するホームパーティーにもよく参加した。また彼らの友人で、私とは一面識もない人々の集いにも誘われるままに出席した。ブルガリアのソフィアから来日しているジャーナリストのブルガリア婦人は、日本は世界のトップ3《スリー》に入るほどの経済大国として知られているのに、どうして駅構内や通路に多くの浮浪者が存在しているのかと疑問を呈し、その疑問を解くべく、池袋、上野、新宿の地下街に拠点を置く浮浪者たちにインタビューを実施し、私は通訳として同行を依頼された。彼女は後日、そのインタビュー内容を自国の新聞に掲載したことを私に伝えた。私自身、皇居お堀端の夜桜見物や青山墓地での桜と酒の宴を主催し、日本的春の風物詩を提供した。余暇にまかせて、海、山、ハイキング等のレジャーを彼らとともに過ごした。ハイキングの好きな私はよく彼らを誘い、東京都下、中央線沿線の高尾山や青梅線の最終駅、奥多摩に位置する御岳山に、日帰りあるいは山裾の民宿で一夜を過ごして二日掛かりで登り、心地良い肉体的疲労と会話を楽しんだ。

彼らは私に対し、彼らがこの国に滞在する理由を述べると同時に、彼らの日常をさらけ出した。遠慮することなく胸の内をさらけ出したのである。

私は実質、七年と二か月の間その職に身を置いた。そして、辞して十五年余の年月が経過した。私はその十五年余の年月の中で、日系二世、三世のブラジル人、一般永住者の資格で滞在する在日中国人、特別永住者の資格で滞在する在日韓国人及び在日朝鮮人とも接点を持つ機会を有し、少なからず会話を持った。現に、私の今の住居は鉄柵一つ隔てた向こうは在日中国人で、申し分のない日本語を話すので、時にはささやかながらにも会話を持つ。

懸命に生きる人々

私は現在、愛知県豊橋市に居を置いている。豊橋市は隣接する田原市にトヨタ自動車の工場があるため、多くの日系ブラジル人が工場労働者として居住していた。一九九〇年に、日本政府は「入国管理及び難民認定法」（入管法）を改定し、日本国籍を有するものとその子孫（日系三世まで）、さらにそれらの配偶者に日本での就労に制限のない入国を認めた。従って、一九九〇年以降、在留日系ブラジル人の数はうなぎのぼりに増加し、二〇〇五年には三十万人を超えている。しかしリーマンショック以降、この国の急速な景気後退によってかなりの数の日系ブラジル人が帰国を余儀なくされている。また、近年のブラジル本国の経済発展に伴い、慣れ親しんだ自国での就労も可能とあって、日系ブラジル人の帰国は今でも続いていると認識できる。それでもこの豊橋市には今なお少なからず滞在し、私は日常的に遭遇する。つい一月ほど前、私が利用する私鉄の駅前に、ブラジル人経営のハンバーガーショップがオープンし、ブラジル人客が出入りしているのをよく見掛ける。

私がこの国で出会った外国人と称されるかたがきを持つ人々は数知れない、といっても過言ではない。私は彼らと接して交流を持ち、そして、彼らを知った。彼らは、人生の一部にしろ大部分にしろ、あるいは終生にしろ、この日本という国の土壌で生活を成す人々だった。ある種の憧れと期待と喜びを抱いてこの地に降り立ち、多かれ少なかれ年月を重ねてきた人々だった。この国の持つ高度な科学技術や医療技術の習得を目指し、日々実直に努力を積み重ねてきた人々だった。学問的知識欲を胸中に宿しながら研修と実務を遂行し、懸命に生きる人々だった。豊かな経済力の中で就労し、己の未来のより良き生活設計を打ち立てながら、異国の地に身を置く人々だった。子供の将来や家族の夢を実現するため、過酷な労働に自ら身を呈し、忍耐と労苦を強いられながらも我慢強く己を維持する人々だった。

彼ら外国人は、ほとんどのものがこの国に身を置いて労働を提供し、あるいは学問や技術研修をすることに異存はないように見えた。勤勉に習得した高度な医療技術や先端技術を、すばらしい、と痛感していた。製造工場の中でひたすら労力を使用することに、耐えられない疲労や苦悩を見出すことはなかった。また、過酷な肉体労働に対して支払われる収入に、ことさら不服を持つことはなかった。彼らはこの国で学び、労働することに取り立てて不平不満をつのらせることはなかった。家族あるものは家族とともに外出し、公園や川辺で海で余暇を過ごし、独り身は独り身同士で集い、何がしか意義深い楽しみを見つけ出すことに余念はなかった。彼らは意欲的に就労し、学問し、確かな未来を創造するため、向上心とともに生きてきた。

彼らは総じて、一見、幸せそうに思えた。時には快活に大声で笑い、時には気楽にくつろぎ、時には家族のことを話しながら顔を和ませていた。彼らは真摯に今日を生き、また明日を生きる活力を身内に宿しながら、一見、幸せそうに思えた。

しかしながら、彼らは決して幸せではなかった。彼らは決して決して幸せではなかったのである。彼らは、一つの大きなジレンマの中にいる人々だった。一つの大きなジレンマの中でもがく人々だったのである。理解不可能な疎外感の中でもがく人々だった。彼らは、外国人というかたがきの中に閉じ込められた人々だった。従って、どこへ行こうとも外国人として見られ、偏見の対象となるのである。彼らは、外国人というかたがきを持つ、その理において、日本人の間に、日本社会に溶け込むことが許されず、疎外感を押しつけられていたのである。思想や主義の相違による、あるいは意見や主張の相違による疎外感ではなかった。

言語、習慣、生活形態、容貌等において、日本人と相違を持つ彼ら外国人を、そうやすやすと日本人は輪の中に入れてくれないのである。この国に帰化し、戸籍上、法律上日本人であっても、人々の間に外国人というかたがきが巣くう間は、彼らは外国人であり続けなければならなかった。言葉の壁、習慣の壁、生活形態の壁、容貌の壁を懸命に克服して同化を試みても、偏見を除外し、日本人として真に受け入れられることは、不可能だといわざるをえなかった。この国に居を持つほとんどの外国人は、日本人との間に違和感のない共生、別け隔てのない気さくな交流を熱望して止まなかった。

好意的偏見の対象として知られる白人のフランス人、イギリス人、アメリカ人……等もやはり例外ではなく、彼らがいくら流暢に日本語を話し、慇懃な態度で接しても、外国人のかたがきを脱ぎ捨てることは不可能だった。一般永住者か特別永住者の資格を持ち、この地で三十年、四十年暮らし、あるいはこの地で誕生した在日中国人、在日韓国人・朝鮮人にいたっても、やはり他の外国人同様、外国人というかたがきの内側で生活を送るものが大多数だった。日本人は彼らに同化を許可して同じ土壌にむかえ入れた。しかし、差別のない対等な認識の下で接することは決してなかった。彼らはやはり疎外された存在だった。彼らは、不可思議な困惑と測り知れない失望を感じずにはいられない人々だった。

彼らは、宗教の普遍的本質や意義などの相違からくる宗教的対立や衝突、利権を独占し不平等や弾圧を強要する独裁政治と、自由と平等を旗印に民主主義政治を打ち立てようとする政治的闘争、国の威信と力を賭けた軍事的対立と衝突は理解できた。しかし彼らは、親切と優しさに定評があり、他人に対する思い遣りと細やかな気配りを信条とするこの国の人々から、外国人というかたがきを戴冠させられ、一歩も二歩も距離を置かれているこの実状を理解することができなかった。常に親しみやすい微笑を浮かべ、友情精神に満ち、人々との間に強い絆を結ぶことを最上の喜びとしているこの国の人々から、真の同化と調和を拒まれる理不尽を理解することができなかった。彼らはこの国の人々との交流において、どんなに親密度が高くても、やはりそこには、外国人としての自己を見出すより方法はなかった。

彼ら同士、すなわちこの国で生活している外国人同士に、そのような現象は起こらなかった。外国人同士にかたがきは存在せず、排斥的行為や距離を置く行為は起こらなかった。国のいかんを問わずして、または肌の色や容貌等のいかんを問わずして、外国人同士どこの国の人々と接しようが、そこには偏見や疎外感は存在せず、特別な違和感は発生しなかった。彼らの中には母国を離れていろいろな国で居を持ち、生活しながらその国の人々と交流を持った人も多かった。アメリカ、中国、インドネシア、韓国、イギリス、ドイツ、フランス……、数々の国へ渡航し、その地で学習したり就労したりし、体験を重ねていくつもの意義深い成果を上げた人も少なくなかった。彼らは滞在するその国を自由に闊歩し、会話し、活動しながら人々の中に融合していった。言葉の相違、習慣の相違、容貌の相違、生活形態の相違を指摘され、その国の人々から距離を置かれた状況に遭遇したことは皆無だった。彼らは他国の人であり、法的には外国人であったが、日常的に接するその国の人々から外国人というかたがきを戴冠させられたことは一度もなかった。彼らは誰とでも会話を持ち、談笑し、誰とでも気楽に情報を交換することが可能だった。彼らは、よそ者だ、外国人だと誹謗されて疎外感を抱くこともなく、その国の人々と融合して同化し、その国の人々と同一土壌で、同一価値で存在することが可能だった。

私自身の体験に照らし合わせてみた時、私は特異な存在ではなかったことを記憶している。私は四年弱の間イギリスに滞在していた。その間、よそ者、すなわち外国人として特別な違和感の中で生活していた記憶は見つからない。生活習慣の相違からくる戸惑いや困難は多少あったにしても、イギリス人から距離を置かれたり、不都合なことを強いられたりしたことは一度もなかった。日本人としての容貌がマイナス効果に結びつき、日常生活が不利な条件に陥ったりするようなことはなかった。偏見と納得できない論理によって差別され、精神を悩ます事情に出会ったり、嫌がらせや不親切な行為に直面したりすることもなかった。私は、日本人だという存在性すら意識する必要はなかった。ロンドンの街を歩く時、イギリス人によって、彼は日本人だ、外国人だと意識される特別の理を有する存在ではなく、一人の人間が歩いている、ただそれだけの存在だった。私は堂々とリージェントストリートをピカデリーサーカスからオックスフォードサーカスへ向かい、そこで交差するオックスフォードストリートを左に折れ、マーブルアーチまでの二、三十分の行程を闊歩し、賑わいと騒音に満ち満ちた繁華な通りを、溢れ出る人波にもまれながら突き進んだことを今でも記憶している。私はイギリスに滞在していた期間、外国人である自覚を忘れ、外国人という言葉の持つ意味を考慮する必要はなかった。帰国してからもいく度かイギリスを訪れた。相手の話す英語を理解し、こちらもそれなりに話すことができ、人々の言動を正確に把握することが可能になってからも、異様な差別的待遇を身に感じたことは皆無だった。

私たちの国日本では、外国人という言葉は非常に重い意味を有している。

この国の外国人に対する接し方、受け入れ方

私たちは、なぜ、いつも、外国人として特異な存在としてしか見られないのか。私たちは、なぜ、この国の人々に何の違和もなく純粋に受け入れられないのか。どうして常に、外国人というかたがきを背負わなければならないのか。私は過去に接した外国人たちから、これらの疑問を投げ掛けられたことがある。日本の国を祖父母の母国として愛すれば愛するほど、日本人を勤勉で実直な人々だと尊敬すればするほど、日本人の礼儀正しさや気配りの上手さに接すればするほど、比類なき日本文化を伝統的に受け継ぐ人々と交流すればするほど、これらの疑問が湧き起こるのだといった。

日本文化に心酔し、日本人の言動の多くを、理解と寛容さで受け入れてきたあのオーストラリ

ア人母娘はいった。「どんなに親交の深い友人であっても、そこにはある一定の距離を感じます。私たちは長い間友人としてつき合ってきた日本婦人がいました。日本婦人はとても優しく、親切な方で、いつも楽しい一時を過ごすことができました。私たちは一緒に外出し、一緒に日本舞踊を学び、一緒に食事をし、一緒にホームパーティーをしました。週に一度は必ず出会い、ともに過ごしました。しかし、私たちの距離は埋まることはありませんでした。言葉の壁、習慣の壁、食生活の相違の壁は私たちの意欲的な努力で乗り越えることができましたが、この距離はどんなに努力しても埋めることはできませんでした。日本婦人は、私たち母娘にいつも外国人として接し、外国人としてもてなし、外国人として会話をしていました。私たちは日本に滞在して十年近くになります。他の知人や友人たちとつき合う時も、同様に距離を感じずにはいられませんでした。私たちは、この国では、いつでも、どこでも、外国人であり特別な存在であり続けなければならないのですね、私たち母親は、時々失望や虚しさを感じずにはいられない日もありました。」

この国を祖父母の母国として来日し、すでに数年の年月を過ごしてきた日系ブラジル人はいった。「私の両親は父親も母親も日本人の血を百パーセント受け継いでいます。顔つきも見た目もあなたたちと変わりません。私は子供の頃よく祖父母から、日本の国の美しさやすばらしさを、日本人の優しさや思い遣りの心を聞かされました。祖父母は本当に日本の国を、日本人を心の底から愛していました。私はそんなすばらしい国で、日本の人々と一緒に暮らし、一緒に仕事することを夢のように考えながら、遠いブラジルからやってきました。しかし、現実は甘くはなかったです。現実は夢見たこととは大きく異なり、とてもつらく厳しいものでした。日本人は私たちブラジル人に、日本人の血を百パーセント、五十パーセント、二十五パーセントと受け継ぐ日系の人々に、その家族に、決して好意的ではなく、親切でもありませんでした。自動車工場で単純労働者として処遇すること以外は、日本人は私たちを外国人と称し、いつも一定の距離を置いて近づこうとはしません。私たちはこの街で年一回必ず日本人との交流を図り、そしてブラジル文化を紹介するためフェスティバルを開催しますが、この街の人々はあまり来てくれません。来るのはいつもブラジル人ばかりで、街の人々の姿はほんの少ししか見られません。本当に残念でなりません。私たちはいつも外国人であり、よそ者です。日本人と一緒に、祖父母が心から愛した日本の国の土を踏みながら歩くことはできないのですね、とてもとても悲しいことです。」

私は老後を東南アジアの一角に位置するベトナムの地で過ごそうと考え、そのためにはベトナム語を習得しなければならないと思う時期があった。私はベトナム語を教えてくれる人を探し、近くの大学の文化祭に訪れてベトナム人留学生と接触を試みたり、市中に存する国際交流機関の事務所の前に置かれたノーティスボード（掲示板）に張り紙を出したりした。まもなくして、私は三十歳前後のベトナム人男性を見つけ出すことに成功した。そして週一回ベトナム語のレッスンを受けることになった。彼は来日する前に日本語を、ベトナムの地で懸命に勉強したということで、かなり自由に話すことができた。彼は今までベトナム語を教えた経験はなかったものの、教えるべきコツをわきまえた鋭敏な遣り取りの持ち主で、まったく初心者である私にとっては申し分のない先生だった。レッスンが終了すると、私たちはコーヒーを飲みながらしばらく談笑に興じた。彼は金属加工の工場に勤務し、三年が過ぎていた。まだ子供はいないものの、ベトナム人女性と結婚していて、会社があてがうマンションの小さな部屋で二人で住んでいた。他にも何人かのベトナム人たちが同じ職場で勤務していた。金属加工を扱う工場の労働者として、品質の高い製品の製造と、効率的に生産性を維持する高度な技術をマスターするため、研修という名目でその会社に勤務していた。彼が明らかにした内容によると、彼らベトナム人は、日本の国で最先端の技術や進歩的知識を活用した生産工場で働き、研修できることはとても有益なことだと認識しているということだった。実りある充実した日々を過ごしているということだった。しかし、人と人とのつながり、すなわち、日本人との人間関係に話題を移すと、彼は顔を曇らさずにはいられないという表情になった。彼の弁によると、「日本人はいつも日本人同士にこにこして楽しそうに話しているが、私たちベトナム人にはあまり話し掛けてくれません。この工場で働いて三年になるが、日本人の友人は一人もできません、残念です。日本人は私たちベトナム人を、いつも、何も知らない、教育水準の低い人たちの集まりにしか見てくれません。日本に来る前、私たちは一生懸命働く優しそうな日本の人たちと一緒に働けることを、とても楽しみにしていました。」という。

彼らベトナム人たちもまた、外国人というかたがき、ベトナム人というかたがき、そして、何も知らない教育水準の低い人たちというかたがきの内側でもがく人々だった。日本人と同じ職場で、同じ土壌で働き、学習し、生活するこのベトナムの人々も、他の外国人たち同様、日本人と真の交流を反故にされ、不可解な疎外感を味わいながらこの国で生を営んでいたのである。

原型的日本人──男らしさ、女らしさ

この国では、男も女もまた、かたがきである。

男とは、生物学的には雄であり、精子を作る器官を有し、女とは、生物学的には雌であり、卵子を作る器官を有する。肉体的特徴をいくつか挙げると、男は筋肉質で骨格が張り、口髭や顎鬚を持ち、喉仏を有して声質が太い。女は脂肪質で丸みを帯び、乳房を持ち、臀部が大きく口髭や顎鬚は極めて薄い。しかし、私たちの社会は、生物学的学問の世界で男と女を理解しているのではない。この国の人々は、社会の中に存在する男、そして女を、男というかたがき、女というかたがきにおいて理解しているのである。

かたがきが承認する、男においては、強く、たくましく、誠実で優しく……という理想を掲げながら、男らしいという規格に該当する人物であることが要求される。かたがきが承認する女においては、気立てが良く、抗うことをせず、従順で服従的精神の持ち主という理想像を掲げながら、女らしいという規格の中に身を置くことが要求される。

この国の過去の人々は、男尊女卑という思想を堂々と使用してきた。かつて、男は女より尊い存在であり、女は男より劣る存在であることを、誰もが認識してきた。男は女にかしずくことを

要求し、慎ましやかさを要求し、でしゃばらないことを要求し、男を立てることを要求し、そして服従することを要求してきた。女は男より、肉体的にも精神的にも弱いものだと認識し、それが社会通念として確立され、誰もが異を唱えることはなかった。良識ある女は、男にかしずき、慎ましやかさを会得し、口答えすることなく男を立て、一緒に外出する時は男の三歩うしろを静かに歩き、そして服従することを当然視してきた。家庭でも社会でも、男と女は差別的処遇にこよなく愛着を抱いた。それは日本人の世界観の根底に位置する思想であると表現することができた。

その服従の中には、男は女に対しいつでもセックスができるという認識が存在した。男が要求する時は、女は有無をいわず、それに応じなければならなかった。男は欲望と傲慢さで女を手籠めにすることができた。たとえ体調が優れず気分が滅入っている時であっても、男の要求を退けることは不可能だった。また二人が共通の喜びとして営まれるセックスの時でも、主導権はいつも男にゆだねられ、女は慎ましやかさと服従の中で、喜びを味わわなければならなかった。男がどんなに無頓着であっても、女は男が与えるもの以上を要求することは叶わず、与えられたもので満足しなければならなかった。もちろん、子供を授ける、子供を授かるということに重い比重を置くこともあるが、精神的にも肉体的にも調和と深みが要求されるセックスにおいてさえ、この国では、男尊女卑の思想の下、女は軽視されてきた。男は女に服従的であることを要求するが故に、女は一方的に男の欲望を満たす対象でしかなかった。

男女雇用機会均等法のなかで

昭和四十七年四月一日、男女雇用機会均等法が制定された。この法律は、雇用の分野において、男女の均等な機会及び待遇の確保を目的とすることを趣旨とし、法の下の平等を保障する日本国憲法にのっとったものとされている。この法律は何回か改定され今日にいたる。業務上、片方の性別でなければならない理由を有すれば除外とされるが、その理由が存在しない場合、どの職場においても男女の差別をなくし、望むもの誰もが欲する仕事に従事することができることを制定したものである。労働条件においても男と女の格差は設けず、垣根を取り払い均等の見地に立つものであり、男だから給料が高く、女だから給料が安いというこれまで定着していた労働条件を払拭し、同時に、男女の人間的価値基準を均等に維持することを基調としているのである。

しかし、この国の社会構造の実態に目を向けてみると、必ずしも、男女は均等という見地で認識されているとは限らないのである。多くの企業で男と女の給料形態には差違が存在し、仕事内容も適材適所というより、男だから、女だからという理由で労働条件は成立している。表面的には均等という思惑の中で男女は労働している感はあるが、実際はそうではない。労働条件もさることながら、社会を形成する人々の意識の中に、男と女は平等であるという思想は育まれていない。この国では、今の世、二十一世紀の今の世になっても、男尊女卑の本質は社会構造の底流に脈々と息づき、消滅することなく流れ続けているといっても決して間違いではない。時代の変化や社会の変革に伴い、多少の改善は認識することができるものの、その本質は依然として私たちの社会の全般に存在するのである。この社会は男社会である、という言葉は過去のものではない。現在も悠々と存在しているのである。この社会は男が作り、男が中心となって行動し、そして男が管理するのである。

現政府は政策を打ち出した。この日本社会の職場で従事している管理職員、その総数の内で、女性管理職員が占める割合は六・二パーセントでしかない。二〇二〇年までには三十パーセントまで引き上げたいとする趣旨の発表をした。現在では、管理職員総数の十パーセントにも満たない数の女性管理職員しかこの国には存在しないというのが実状であり、残り九十パーセント余は男の管理職員ということである。先進国と呼ばれて久しいこの国では、女性労働者を男性労働者と均等の条件下で処遇する資質においては、まだまだ先進国と呼ばれるには程遠く、むしろ後進国に類するといわざるをえない。人格、能力、資質を偏見のない目で見ることは、この国では至難の業である。

女の側にも原因は有する。多くの事柄を男性に依存し、自律的に行動することを差し控え、女は弱く慎ましく、でしゃばらないという女性像を持ち過ぎるが故に、なかなか均等の精神で物事に対処することができないのである。女性社会が創造する実態は、重いものを持つのは男の役割、危険な仕事は男の仕事、難解な業種は回避して男に任せ、できるだけ重圧のかからない職業を選択する。積極的に活動し、男社会といわれる現状を打破する力強い思想を持つにはいたっていないのである。

に面立ちの良し悪しを興味の対象に置き、良ければイケメン、悪ければブサイクと判断し、当然イケメンに分のある評価を下す。

私たちは、この国でも多くの女が社会の中で成功を収めていることを認識している。また国の内外を問わずして活躍し、時代の寵児として人々の尊敬を勝ち得ている女の存在を知っている。スポーツ、芸術、演劇、ファッション、起業……と多くの分野で女がその実力を発揮しながら羽ばたいている。自分の能力を生かし、男社会に勝るとも劣らない努力を重ね、自分の世界を切り開き成功を収めている。しかし、これらの女はほんの一握りであって、大半は、女というかたがきを自分の本性としながらこの社会で生息しているのである。

この国では、男は男というかたがきに、女は女というかたがきに閉じ込められたままである。「家」において家族間に培われてきた階層制度に由来する要因によって、私たちは男と女の間に男尊女卑の思想を育み、いつの時代においても、その思想は人々の精神の中に息づいているのである。

仕事に対する能力、学問に対する能力、統率する能力、指揮する能力、物事の本質を理解する能力、未来を予測する能力……これら多岐に亘る能力において、男は女を認めてこなかった。また、女も、これらの能力が男より勝ると自己顕示する機会を持つことなく、劣等性を抱きながら、男の配下に身を置くことを当然のこととして考慮してきた。男尊女卑の哲学の下、男は女を正当に価値づけることをしない。同時に、女は男を正当に価値づけることをしない。男と女はその価値において、その能力において、大きな隔たりを認識することによって、私たちの社会は秩序を成立させてきた。男と女は、そのかたがきによって、互いを差別的に処遇することを当然視してきた。そのことによって、私たち日本人は、波風の立たない落ち着いた日常生活を営むことが可能であると認識しているのである。

「かたがき」の背後に押しやられる個の存在

かたがき化とは、相手の立場を理解するために行う手段である。この国では、人々が活動するあらゆる分野のあらゆる条件において、かたがき化することは必要不可欠な事象として認識されている。

私たちの社会では、人と人とが接点を持つ時必ず、互いの立場を尊重しなければならない。互いの立場を尊重する、そして立場的態度を取ることが人々に課せられた命題であると認識している。人々は相手の立場を掌握して理解するため、相手をかたがき化する。かたがき上の人物像を作成して承認する。私たちはそのかたがき上の人物像に、過大に信頼を寄せるのである。私たちは、田中勇一（仮名）といういち人間がその存在価値を有するものとして認識するのではなく、東京都世田谷区東松原に住居を持ち、A証券新宿支店に勤務し、支店長を務める五十五歳の男というかたがきにおいて、その存在価値を有するものとして認識するのである。すなわち、「田中勇一」という個の持つ人間的存在性は、かたがきの背後に押しやられてさほど重要視されないのである。

私たちの社会は「かたがき」に満ち満ちている。客体的本質の下で行動形態を培う人々が、必要不可欠な事象として、「かたがき化」するからに他ならない。

第四章

建て(立て)前の論理と曖昧さ

相槌と愛想笑い―タテマエの処世術

欲しいものは何でも手に入れることが可能だった幼年期を卒業し、他人の存在を意識するようになると、この国の人々は例外なく、建て(立て)前の論理、を習得しなければならない。なぜなら、この国の人々によって構成されている行政機関や民間企業を初めとし、社会全般のあらゆる環境の中で活動する人々は、この建て(立て)前の論理を最も重要なものとして価値づけているからである。私たちの過去の人々は、他人向けの表情、他人向けの言葉、他人向けの思想を、建て(立て)前の論理として編み出し、処世訓として使用してきた。そして今に継承してきたのである。

どのような分野においても、私たちは、他人に対して自己をずけずけと押し出すようなことはしない。他人が第一義的価値を有するが故に、他人が存在するから自己は存在するという方程式が存在するが故に、私たちは他人を優位的存在だと認識し、同時に常に意識下に置かなければばならない。そして、他人の言動に注意を払い、顔色をうかがい、その場に醸し出された雰囲気を察し、決して異質の空気を創造しないように用心し、会話に同調し、そう、そうと相槌を打ちながらうなずき、愛想笑いを浮かべなければならない。第一義的価値を有する他人から、反感を買うことのないように歩み寄らなければならない。他人の考えと自己の考えとの間に大きな隔たりを認識しても、他人に対し否定形の言語を使用することなく、自己の意思を歪曲しながら歩み寄らなければならない。自己の本意にさからってでも、他人と同調することを選択しなければならない。自己の精神に犠牲的奉仕活動を強いてでも、他人と方向性を同一にしなければならない。日本人を特徴づける、この建て（立て）前の論理は、人々にとって最も貴重な処世訓である。

私たちが日常的に使用する、この建て（立て）前の論理は、別の角度から言及すると、曖昧さと妥協する精神を育む要因になっている、ということができるのである。自己は、己の意思を強く主張するより、精神を軟化させ、中途半端な曖昧さの中で処理しようとする。自己の正当で実直な意思でさえ、力強く主張することなく、優位的存在である他人の意思に歩み寄り、方向性を同一にしようとする。自己の意思を強く主張して他人から反感を買うより、精神を軟化させ、曖昧さと妥協することによって良い評価を得ることが可能であるか、少なくても悪い評価を得ることはないと認識する。

ここに発生する曖昧さとは、客体的本質において行動する自己が、優位的存在である他人に歩み寄る過程で発生する理念であり、同時に、精神の生理作用であるともいえるものである。曖昧さは私たち日本人にとってことさら重要な理念である。この国の人々は、誰もが曖昧である。私たちの内面は、強い信念を基調として精神構造を育んでいるのではなく、曖昧さを基調としていると表現できるのである。

私たち日本人の人間性は、強い信念を基調として形成されているのではなく、曖昧さを基調としている。そのような人々の特徴は、あらゆる物事に対し対応する時、要領を基調として対応するということである。私たちは、多くの物事に要領良く技巧を凝らす人々である。私たち日本人は内面深くに存在する、善、悪、正直、不正直、誠実、不誠実、清らかさ、卑しさ、醜さ、美しさ、本物、偽物、いんちき、いかさま、謙虚さ、ずるさ……といった概念を要領良く利用しながら、人間性を打ち立てているのである。不適切と思われる負の要因を、不道徳と思われる負の要因を、排斥する強い信念を持ち合わせていないため、これらの概念はどっちともつかない中途半端な曖昧な形態で混在し、それらが、日本人の精神性を司る要因になっているのである。

やってはいけないこと、なのに

女子中学生や女子高校生を対象として、通勤通学の電車の中で頻繁に起きる痴漢行為を行う人々は、決して悪人と称される人々であるとは限らない。不遜で無慈悲で、法や社会的秩序を歯牙にも掛けない悪らつな人々によって行われるとは限らない。痴漢行為を行うものの大半は、善良で良識ある一般市民である。一般市民があのような卑劣極まりない行為を行うのである。これは、モラルの低下や道徳心の欠如、理性や良心の弛緩、あるいは人間性の破綻を意味するものではない。

この国の人々は、強い信念を持たないが故に、曖昧さと妥協する精神を持つが故に、やってはいけないこと、悪行を自己の意思で排斥することができないのである。目の前に立つ女子高校生の背後に立ち手を伸ばすことは、やってはいけないことである、とたとえ認識していても、この行為は法に触れる悪業である、とたとえ理解していても、これを阻止するべき強い信念を持たないが故に、行為は行われるのである。従ってこの国では、男なら誰でも、社会的地位や名前に関係なく、この痴漢行為の実行者になる可能性を持ち合わせているといえるのである。

不祥事の数々

不祥事という言葉が存在する。

この国は、数々の不祥事で明け暮れる国である。

企業や個々の生産活動が活発化していく中、それぞれは利潤追求を優先的に考慮している。正当な生産活動で利潤を得るものが存在する一方、他人の目をあざむきながら負の要因を巧妙に利用し、法を犯していくばくかの利潤を追求するものが存在する。そして、違法性の下で利潤を追求する手法が発覚して明るみに出た時、この国の人々はそれを、不祥事として認識する。

この国で起きる不祥事は数限りないが、一部を紹介すると、盗撮、飲酒運転、脱税、ひき逃げ、ごまかし、改ざん、建造物侵入、スピード違反、強制わいせつ、窃盗、横領、セクハラ、ストーカー、危険ドラッグの使用、暴力、傷害、恐喝、不法侵入……。そして次に記述する事例もまた、不祥事に他ならないのである。

私たちの社会には、ＪＡＳ法という法律が存在する。この法律は、食料品が一定の品質や特別な生産方法で作られていることを保証するものであり、消費者に販売される全ての食料品に、表示することが義務づけられている。賞味期限あるいは消費期限を表示化することが義務づけられている。これは、消費者が食料品を手にする時、食料品としての商品価値が十分存在するのか、または損なわれていないのかを見極めるための指針となる重要なものである。消費者はラベルに呈示された何年何月、あるいは何月何日何時という年月日時を参考に、この食料品は安心して口にすることが可能であると認識する。

ところが、この消費期限や賞味期限が改ざんされて偽りの年月日に変更され、消費者をあざむいていているのである。

三百年もの間のれんを守り続けてきた老舗の和菓子店では、製造した和菓子を冷凍した上で、製造日や消費期限を改ざんして販売していた。三十年以上に亘り、製造した和菓子の一部を冷凍した上で、必要に応じて解凍し、包装し直した上で出荷していた。その際、実際に製造した日ではなく、製品を包装し直した日を製造日として表示していた。

有名な大手の洋菓子店では、賞味期限の切れた牛乳や卵を使用し、洋菓子を製造して出荷していた。消費期限切れの鶏卵を用いたシュークリーム、消費期限切れのリンゴの加工品を用いたアップルパイ、社内規定の百倍を超す細菌が検出されたシューロール、社内基準を経過した賞味期限表示を行ったプリン等を出荷して販売していた。

実力を兼ね備えた北海道の優良菓子メーカーでは、賞味期限は社内基準では、通常四か月と設定していたが、商品の在庫が多くなった場合は、最大二か月延長して出荷していた。賞味期限を延長して出荷する行為は、社長了解の上で十一年間に亘り行っていた。

かつて、スーパー等で弁当の類を購入した時、消費者は、上げ底という手口で少なからず損失を被ったことがある。この場合の上げ底とは、弁当のように飯やおかずを一つの箱に盛りつけして商品化したものにおいて、容器である箱の底を平坦ではなく、小細工して底上げをし盛りつけしたものである。消費者は表面的にこのような小細工を見抜くことは不可能で、通常に盛りつけられた弁当だと認識して購入するが、蓋を開けて食してみると底上げがしてあり、その分だけ分量が少なく、損失を被るのである。製造業者にとっては底上げの分、分量は少なくて済み多少ながらにも利潤を上乗せすることができる。また農産物である苺を購入した時も、小細工が多々見られたものである。苺の場合、プラスチックの容器そのものに小細工を施しているわけではないが、並べ方に手を加えてある。容器に二段に並べられた苺を購入して食すると、上段にはみごとな苺が粒を揃えているが、二段目になると、まだ熟していない小粒で硬い、食するには不向きな商品価値のないものが入れられていた。

横浜市の大型マンションの傾斜をめぐって、杭打ちデータを改ざんしていた事例は、平成二十七年十月（当時）社会を揺るがす大問題になっている。そのマンションの基礎部分を施工した建設会社は、行うべき杭打ちを最後まで完了せず、まだ強固な地盤に達していないにもかかわらず、中途で中止し、データだけをつじつまが合うように他所のデータを流用して改ざんし、杭打ち施工は設計通り完了したように見せかけていた。基礎の杭打ち部分を手抜きした結果、その大型マンションはある個所では傾斜して段差を生じさせ、住民たちに不安と憤りを与えているのが実状である。

欠陥住宅という言葉を私たちは頻繁に耳にする。欠陥住宅の種類は多種多様であるが、近年で特徴的なものは、見える部分は徹底的に美しく作るが、見えない部分は徹底的に手抜きをしコストを削減していく。木造建築の場合、基礎の根入れ深さの不良、ホールダウン金物の不足または省略、使用釘の不適正及び釘打ち間隔の不適正、外壁下地・床下地の省略、天井裏の梁の本数不足、防水工事の不良……等。鉄筋コンクリート建築では、鉄筋の数量の減及び強度の弱い細い鉄筋への変更、水増ししたコンクリートの使用、フローリング個所の防音性能の不足……等。鉄骨構造では、指定より強度の低い鋼材の使用、突き合わせ溶接を隅肉溶接に変更……等。これらをいくばくかの建設会社は意図的に行い、利潤追求を優先させるのである。

過去においては、一般市民が最も信頼を寄せる警察官でさえ、姑息で巧妙な手段を用いて不正経理を行い、裏金を捻出していた。架空の捜査協力者をでっち上げ、その捜査協力者に支払う名目で本部に費用を請求し、その金を私的に飲食費や旅費に流用していた。偽造領収書を作成し不正経理を行っていた。北海道警、千葉県警、静岡県警、神奈川県警、岩手県警、石川県警、高知県警、愛媛県警、福岡県警、宮崎県警、熊本県警……。広範に亘る県警が裏金問題で公表されている。

　また、都道府庁や市役所や町村役場で公務に従事する公務員たちも、税金の無駄遣いや違法な支出を行っていた。いわゆる、カラ出張問題である。出張とは、臨時に他の場所へ出掛けて仕事をすることである。そこには当然、移動のための交通費や宿泊費が必要経費として発生し請求の対象となる。カラ出張とは、出張したという名目で必要経費を経理上処理するが、実際には出張しておらず、金銭だけを経理的に浮かせるいかさまのたぐいの手法であり、法的には詐欺に類する行為である。その金を私的な飲み会や交際費などに流用していた。これが当然のように全国各地で行われていたのである。また、公共事業に関する談合問題も数多く浮上していた。競争入札により税金を正当に効率良く活用すべきところ、業者間の談合や官製談合といわれる行政と業者の癒着によって、業者に違法な収益を提供していた。

　警察官を含む公務員たちは、公務の仕事に携わる限り、金銭にまつわる全ては国民の税金でまかなわれるのである。裏金や偽装工作で捻出した金や、談合によって業者が手にした不当な収益の全ては、国民の税金を違法な形で支出したものに他ならない。これもまた、社会問題として取り上げられたのである。

私たちの日常の中で身近に起きる、小さな不祥事も見逃してはならない。賢明な主婦は、割れたガラスや茶碗の破片を、他人の目に触れないように上手に隠して、生ゴミの袋の中に入れる。誠実さをもって知られる区域の区長は、携帯電話で話しながら片手で車を運転する。りっぱな背広に身を包んだ大手企業の部長は、人通りの少ない道路では平気で唾を吐く。庭先に干してあった傘はいつの間にか誰かによって持ち去られている。

官を問わずして、民を問わずして、男女を問わずして、場所を問わずして、この国ではどこにでも不祥事的行為は存在するのである。どうせ見つかりはしない、どうせ分かりはしない、という意図の下で人々は大なり小なりの不祥事を行うのである。

他人の評価によって、その人間性が価値づけられる人々にとって、他人の目の届かない、他人の思想が入り込めない場所では、偽装とあざむきと、不正と姑息さと技巧とによって要領良く違法行為を行い、利己的欲望を満たしながら利潤追求を行うのである。

そのことは先に指摘したように、道徳心や良心や理性の弛緩を意味するものではない。あるいは人間性そのものの堕落を意味するものではない。この国における不祥事の本質は、曖昧さにおいて他ならない。私たち日本人の精神性は弱くて脆い。誰もが、曖昧さを基調として存在している。そして誰もが、個に内在する負の要因をはねつけるだけの力を持たないのである。やってはいけないこと、を排斥するだけの力強い信念を持たないのである。従ってこの国では、不祥事に類する事例は、いつの時代でも場所を選ぶことなく、人々が活動するあらゆる領域の中で、起こり得る可能性を秘めているといえるのである。

ブレズ、ブレる

この国民にしてこの政治家あり、という言い表し方がある。私が現在居住区としている界隈に、先の衆議院議員選挙の時使用された選挙ポスターが、商店の壁に貼られたまま残っている。その中の一枚に、立候補者のキャッチフレーズ的文字があり、「初心　ブレズ」と白抜きで大きく描かれている。その立候補者が有権者に訴えることは、初心とともに公表した政策は、ブレること なく実行していくということである。有権者に対して公言した政策は、間違いなく実行していくということである。この国において、ブレるということは、国政、地方行政、あるいは地域の小さな行政にいたるまで、数多く繰り返されている。この立候補者は、ブレることの悪弊的要因に対し、異議を唱える形態をポスター上で表現しているのである。

ブレるということは、昨年賛成したかと思うと今年は反対する。昨日右といったかと思うと今日には左という。市民が箱物の必要性を訴えると箱物の構築に精力を注ぎ、市民が箱物を否定するとただちに箱物の存在を否定する。その時々の状況に応じて、要領良く政策を変更していく。街の声にほだされて、人々の批判に耐えられなくて政策そのものを変更していく。ブレるということは、このようなことをいうのであり、力強い一貫性によって打ち出された政策とは程遠いものである。ブレるということは、曖昧さと妥協する精神を土壌としているのである。私たちの国では政治家でさえ、一貫した政策によってより良い未来を創造するため、現在の苦労を市民に要求したりはしないし、またできもしないのである。

ブレることによって、どれほどの不必要な出費が生じるのか、どれほどの無駄が生じるのか、どれほどの遠回りを強いられるのか、どれほどの遅延を余儀なくされるのかを懸念するより、この国の人々は、曖昧にそして要領良く、機会主義的理念の下で物事を処理しようとするのである。

本来、私たち日本人は、自己の意思で二者択一をする人々ではない。自己の本心を基準に、イデオロギー的選択をする人々ではない。民主主義か反民主主義か、自由民主党か反自由民主党か、イエスかノーか、黒か白か、右派か左派か、首相派か反首相派か……において択一する強い信念を持ち合わせていない。たとえ自己の意思で首相派を選択したとしても、会社の上司が反首相派を推奨した場合、簡単に自己の意思は覆り上司に同調するのである。

はっきりしないまま妥協する政治

この国の政治の世界は、離合集散の繰り返しである。政党と政党がくっつき、そしてまた離れる、それの繰り返しである。

第八十一代総理大臣は、村山富市氏である。これまで相容れることのない政策を掲げて、互いは対極的立場にあった自由民主党と日本社会党が手を携え、それに新党さきがけを加えた三党合意による連立内閣が成立した。その内閣は、政策上共通性を持たない自由民主党と日本社会党、それに新党さきがけが長い間時間を掛けて議論した結果、政策的妥協点を見出した末の連立内閣ではない。新生党、公明党を中心とした与党に対し、野党に下っていた自由民主党が政権の座を奪い返すため、政略的に日本社会党の委員長であった村山氏をかつぎ出したのである。自由民主党にとっては誰もが予期せぬ起死回生の一手であり、国民にとっては青天の霹靂であった。自由民主党の思惑は一夜の内に結実した。そして与党の座を奪回したのである。

この国の政治家の大半は、政策を本質として政治の世界に存在するのではない。この国の政治家のほとんどは、政策とともにあるのではない。強い信念を持たないが故に、一貫した主義、一貫した政策を持つことなく機会主義的である。従ってこの国では、政党はいつの時代でも確固たる主義主張のないまま乱立し、そして市民はいつの時代でも確固たる主義主張のないまま、曖昧さと妥協する精神によって国政に参加しているのである。

平和憲法の下で——戦争をしない国から「する国」に

二〇一五年七月十五日、第三次安倍内閣が国会に提出していた、「国際平和支援法」及び「平和安全法制整備法」が衆議院本会議で可決された。安全保障関連法案の可決である。

日本は、第二次世界大戦が終決するとすぐに、敗戦国として、平和憲法（日本国憲法）、を制定し、日米安全保障条約の下で、専守防衛を主旨としてきた。平和憲法の下で日本は、戦争をしない国として国民の誰もが認識してきた。

しかし、一九八〇年後半以降、東西冷戦が終決すると、国際社会の軍事バランスが崩れ、中東をはじめとする多くの地域で内戦や地域紛争が勃発してきた。また、アジアにおいては大国中国の軍事力強化、朝鮮半島における南北の対立、そして、二〇〇一年の同時多発テロを契機にテロ活動の活発化等によって、世界の軍事的緊張は予断を許さぬ状況に陥った。

そのような状況の中で、米国を中心とする国際社会は日本に対し、自衛隊派遣など、軍事的協力を強く要求してきた。また、米国は「テロとの戦い」を明確に打ち出し、中東地域への介入や軍事的行動を強めると同時に、日本にも軍事的役割を要求する傾向が強くなった。そして、安倍政権が主張していた「積極的平和主義」や「集団的自衛権」を内容とした「日米新ガイドライン」が合意された。

今回可決された、安全保障関連法案は、集団的自衛権行使を合法化するものであり、もし、同盟国が敵国から攻撃を受けた場合、日本も、同盟国を救援する意味で、攻撃に対抗した軍事的行動を起こす可能性を秘めているものである。すなわち、戦争に加担する可能性を秘めているということである。日本は、平和憲法によって「戦争をしない国」から、安全保障関連法案の可決によって「戦争をする国」になろうとしている。

この、安全保障関連法案の可決に反対するデモが、国会周辺で連日のように行われた。学生や若者、そして一般市民の各層を巻き込んだ大規模なデモである。主催者側は十二万人が参加したと公表し、警察側は三万人と公表した。デモ隊は、〝戦争反対〟を口々に訴え、学生代表や主婦代表がマイクを片手に声を高めた。

デモ隊の様相を各マスメディアはニュースとして報道した。ある専門家はテレビ画面の中で、日本にも民主主義が定着しつつある旨を述べていた。

しかし、このデモ隊に参加した人々は、自主と独立において、強い指針の下で国政に参加し、異議を主張するものではない。いち個々が、自主と独立とにおいて、国を作るという思想を基軸としながら異議を主張するものではない。この国の人々は誰もが、国を作るのは政治家の仕事であり、国を守るのは政治家の役割である、という信条の下で存在している。私たち日本人は、国民の一人一人が、自分たちが国を作るのだ、という理論を持ち合わせているものではない。すなわち、人民主権の民主主義的思想を持ち合わせているものではないのである。このデモ隊に参加した人々は、一人一人が民主主義的思想によって国政に参加し、そして、戦争反対を訴えているのではない。一人一人が自己の主義を反映した形で、戦争反対を訴えているのではないのである。

なぜなら彼らの中に一人でも、沖縄の基地問題を真剣に議論した人がいるだろうか。日本に存在するアメリカ軍基地の七十パーセントを超える基地が、沖縄の人々の日常生活の中に存在していることを認識している人がいるだろうか。そして、その基地から、一九六五年から一九七五年にかけて南北両ベトナムが戦ったあのベトナム戦争の際、数えきれないほど多くの爆撃機が飛び立ち、ベトナム人を、兵士のみならず民間人を殺傷し、また、北ベトナム全土に渡って枯れ葉剤を撒き散らし、植物を壊滅状態に追い込んだ作戦が行われ、その影響で数多くの奇形児が誕生し、今なお苦しみを背負わなければならない人々が存在することを認識し、戦争の本質に言及した議論を家族間で、同僚同士で、学校のクラスの中でした人がいるだろうか。アメリカのように、ありとあらゆる武器を開発して製造し、それらを同盟国に売却して外貨を稼ぎ、その外貨で国を繁栄させている国が、この世界にはいくつも存在していることの不条理を問うための議論をした人がいるだろうか。基地は、戦場そのものであり、沖縄の基地や国内の他の基地の存在に対し、日本政府に、アメリカ政府に、戦争反対を訴えた人がいるだろうか……。

このデモ隊の参加者たちは、ただ、集団的自衛権が合法化された時、将来予想される少子化に伴い、自衛隊員の確保に徴兵制度が導入される可能性を危惧するが故に、もしかして彼ら自身に、そうでなくても彼らの子供に、その危惧が迫ってくる可能性が存在すると認識するが故に、分かりやすく述べると、彼ら自身に火の粉が降りかかってくるのではないかという考えによって、マイクを片手に戦争反対を訴えているのである。彼らは、戦争の持つ本質の背景に対して、民主主義的思想を強く打ち出しながらデモを行っているのではない。曖昧模糊とした抽象的概念の中で、マイクを片手に声を上げているのである。

安全保障関連法案は、衆議院本会議で可決された。若者を中心としたデモ参加者たちの訴えは、それほどの時を移さずして、おざなりであったことを、過去の本質を伴わない無意味な行為であったことを、誰もが知るだろう。そして、疑似的民主主義はいざ知らず、真の、本物の民主主義はこの国には存在しないことを理解するだろう。

あやふやなストーカー対処

近年、私たちは、ストーカーによる殺人事件が数多く発生している事実に直面している。ストーカーは男性であったり、女性であったりと、形態はいろいろであるが、大半は男性は加害者であり女性は被害者であるというケースによって占められている。

ストーカーが一人の女性を執拗につけ狙い、あげくの果てに殺害してしまう。卑劣で残忍を極めるこのような事件は、年々増加傾向にある。ストーカーは元交際相手であったり、まったく面識のない人であったり、職場の同僚であったり、と様々な事例がマスメディアが報じるニュースの中で報じられている。それらの事例の中でよく耳にすることは、被害に遭った女性は、つけ狙うストーカーの存在を知り、事前に近くの警察署に出向いて相談し、何らかの対処を強く要望しているということである。それに対し、警察は適切で効果的な対応策を講じず、結果的に女性が殺害されてしまう最悪のケースに発展してしまうのである。

この国では、警察は事件が起きなければ動かないし、動けないという現行の法律が存在する。警察は加害者と被害者によって事件が成立して初めて、その事件を対象に行動を起こすのである。警察は市民の安全を守ることと生命の保護を職務とするにもかかわらず、また、ストーカー被害者は何度か警察署に出向いて相談し、ストーカー行為を抑止させるための要望を出しているにもかかわらず、残忍な事件は発生しているのである。

警察は謝罪会見を行うことを常としている。犯罪を未然に防止することができなかった非を認め、一人の貴重な生命を犯罪者の手から守ってやることができなかった落度を認識し、謝罪会見を行う。

なぜ、警察はこの残忍な事件を未然に防止することができなかったのか、その理由は、単なる警察官個々の職務に対する怠慢や、組織の力不足が原因である、としてとらえるより、むしろ人間的資質に原因を有する、としてとらえる必要性を感じるのである。

警察官も、この国で生を得てこの国で成長した以上、日本人的資質によってその内面は構成されている。決して自主性や強い信念を持つ人々ではない。自己は客体であり、自我は積極性に乏しく、優柔不断であり行動力は消極的である。たとえ、事件を予感し、大きな犯罪へ移行する可能性をそこに見出したとしても、信念の脆弱さによって曖昧さと妥協する精神を持つが故に、ただちに行動を起こすことができない。また、どのような行動を取らなければならないのか、すぐさま脳裏に思い描くことができない。状況がもたらす事象は、どのような性質を秘めているのか、的確に把握することができない。鋭い洞察力を持ち合わせていて危険性を察知したとしても、いざ行動に移行する時になると、どのような行動を取るべきなのか判断がつかない。自己が、今、何をしなくてはならないのかを自律的に具体化し、ただちに実践的行動を伴わなければならないと認識することができない。すなわち、自己の能力において、今、何をやらなければならないのか、想像力の中に湧き出してこないのである。曖昧さと妥協する精神は、常に抽象的でおぼろげにしか事態を認識することができず、具体的に内容を把握し、的確な行動は何であるかを、眼前に指し示すことができないのである。

てくる。

社会問題の隠れた裏側を見抜く想像力こそが

児童福祉事務所の職員による謝罪会見もまた、近年よくマスメディアのニュース報道に登場してくる。

憂慮すべき、大きな社会問題として取りざたされている事件が存在する。両親による子供への虐待の実態である。自分の両親を信頼して生きるしか術のない幼少の子供に、タバコの火を押しつける、暴力や暴言を振るう、食事や飲み物を与えない、部屋に監禁する、ベランダに放置する……といった仕打ちを繰り返し、最悪の場合死亡させてしまう。児童福祉事務所職員による謝罪会見の弁は、何度もその児童の家を訪れたが、両親の反対によって子供に面会させてもらえなかった。そこには虐待の兆候は何ひとつ見当たらなかった、子供に変わった様子は見られず元気だった……といった内容で締めくくられている。

なぜ福祉事務所職員は子供に対する両親の虐待を阻止することができなかったのか。その例は警察の例と同様であり、状況に応じてどのような行動を取らなければならないのか、具体的に思い描くことができない人間的資質によるものである。自己の力量で、現在直面している問題をどのように解決していかなければならないのか、「答えを出す」ことは不可能に近い。その時々の状況を正確に分析して理解し、このような状況は次にどのような状況に移行していくかを、予見したり推測したりする能力は持ち合わせていないのである。表面性にだけ目をやり、その表面性に隠れた裏側に存在する本質を見抜く想像力が欠如しているのである。また親の頑迷な反対によって、子供と面会することなく簡単に踵を返して引き下がることは、強い信念のなさを物語る以外、何ものも存在しないといえる。すなわち、自己の強い信念の下、自己の力を信頼し、多様な角度から一歩も二歩も踏み込んだ自主的行動を、あるいは自主的物の見方をする能力を持ち合わせていない事実を物語るのである。自己の能力を最大限に生かしながら、対峙する難局を打破する強い心構えの欠如を物語るのである。

私たちが生活するこの日本社会には、ストーカーによる殺人事件や親による子供の虐待死に見られるように、共通の日本人的特徴が存在することを見逃してはならない。犯罪が起こり、あるいは虐待によって幼児が死亡し、何よりも貴重な生命がこの世から消滅して初めて、これは事件として取り扱われるものであり、未然に防止する行動形態はこの社会には存在しないといっても過言ではない。事件が起きなければ、自主的精神と強い信念を持ち合わせていない客体的自己は、行動を起こすことができないのである。この事件を参考に、次の類似的事件の予防策を見つけ出すのが関の山だといえるのである。警察の持つ全ての権限を活用して、加害者の危険な行動を阻止する方法を見つけ出すことは、脳裏の中に実態化して思い描くことはできない。警察という職業が持ついくつもの法的権限を、どのように利用して、この非道な行為に走る加害者から恐怖に怯える被害者を守り通すことができるのか、という発想を知性の中で組み立てることができない。

また、精神医学や行動形態学を利用した専門的見地に立って、事件性を秘めた事象に対処することができない。なぜなら私たち日本人は、強い信念と自主的精神を持ち合わせていないからである。これらに適切に対応していくためには、強い信念と自主的精神が少なくとも必要だからである。曖昧さと妥協する精神を持つ私たちは、物事の本質を直視し、どのような思考行程を、どのような行動形態を取らなければならないかを見極め、実践的行動に移行することは不可能に近いといわざるをえない。

また、別の観点から述べてみると、私たち日本人は、幼年期には親のいうことを聞き、少年期には学校教員や先輩のいうことを聞き、青年期には職場の上司のいうことを聞くことによって、自己を成長させてきた。他人に依存することによって自己を成長させてきたのである。私たちは、物事に立ち向かう強さや知性を活用して論理的に物事をとらえることを、日常生活を通して実践的に培ってこなかった。難解な問題を自己のものとして受け止め、適切に正確に状況を分析し、今、何をすべきか、どのような方法が要求されているのかを行動形態の中に育む時期を持たなかった。精神構造の中に、物事の本質を見極め、判断して決断を下す領域を育んでこなかった。精神医学や行動形態学のような専門性を活用しながら物事に対処する、より高度な手法の存在を頭脳の内側で認識する時期を持たなかったのである。私たちは依存的資質を持ち合わせた人々である。従って、自主性や強い信念によって解決されるあらゆる物事は、後手に回ってしまうのである。

消極的行動や戸惑いと曖昧さと

アメリカ大リーグ、テキサス・レンジャーズ、ニューヨーク・メッツ、ボストン・レッドソックス等で監督経験を持つボビー・バレンタイン氏が、かつて日本のプロ野球、千葉ロッテ・マリーンズで監督を務めていた時、次のような主旨の言葉を残している。

日本人選手は、監督が、君はライトを守りなさい、君はショートを守りなさい、君はセンターを守りなさい、というと、そのポジションを取るため懸命に努力をする。しかし自分から率先して、セカンドを守りたい、レフトを守りたい、サードを守りたいと、願望を提示して監督に直訴することはしない。

強い精神力が要求されるプロ野球の選手でさえ、この国では慎ましやかであり、発展的思考行程や積極的行動形態を有さず消極的である。消極的精神は躊躇や遠慮や戸惑いの中で曖昧さと結合し、自己の本心の要求はうやむやになってしまう。私たち日本人は、決して自分の道を自分の能力を駆使して、切り開こうとするものではない。今まで足を踏み入れたことのない未体験の道を、自分の力を信じて切り開こうとするものではない。誰かによって音頭を取られながら、誰かによって切り開かれた道を歩んでいく。その時は、要領よく技巧を凝らし、ある種の付加価値を携えてである。

マニュアルに従って妥協して働く

　私たちは、職場で提供される多くの業務を遂行する条件の中で、ことさら、マニュアルという「手引書」を信頼する人々である。マニュアル、すなわちマニュアル化された業務内容は、ほとんどの職場でその重要性を強調し、必要不可欠な事柄として尊重されている。私たちは、マニュアル化された業務内容に過大なほど依存的資質を傾注するのである。マニュアルによって提示された業務内容を信頼して如実に掌握し、誰もが共通の概念の中で作業を実施すれば、作業効率はおろそかにならずにすむと思い込む。また、マニュアル化された業務内容を忠実に追随する限り、決して起きてはならない間違いや危険は起きないし、起きたとしても最小限に食い止めることが可能であると認識する。私が以前勤務していた職場で毎月発行された〝安全だより〟の表紙の冒頭に、やはりマニュアルの順守を提唱する文字を見つけることができた。

　私たち日本人は、マニュアル化された業務内容の範疇で勤勉に業務をこなし、効率的で優秀な業績を創造する人々である。決められた基準に従って決められた内容に従事する時、並々ならぬ努力をして良い結果を残す。そのことは、いい換えると、私たち日本人は、マニュアルを絶対的指針として活用するため、それ以外の方法に目を向けたり追求したりすることを断念した人々だということができる。マニュアルが全てであるという信条において優秀であるという原理は、作業従事者が個の持つ応用力や自発的研究心や、意欲を駆り立てる要素といった能力の使用を制限し、閉塞的で効率の低い領域の中だけで業務を遂行しているともいえるのである。個の持つ能力を生産性の高い業務へ結びつけたり、違う観点から業務内容を見直したり、マニュアルにそぐわない異質の形態を取り入れたりすることを否定することに他ならない。個の持つ能力を適材適所に有効に取り入れることによって、より合理的に生産性を高め、より間違いの少ない、より安全性の高い業務内容へと変革することができる可能性の存在をおろそかにする、といえるのである。作業従事者は、己の持つ能力を、思想を、意見を積極的に使用することなく、曖昧に抽象化しながら、このマニュアル化された業務内容と妥協して、懸命に労力を提供するのである。

補足的に述べると、曖昧さを基調として行動形態を営む人々は、常に基準を設けてマニュアル化しない限り、業務の効率は上がらずに低下してしまうのである。なぜなら、自主と強い信念とにおいて行動する人々ではないからである。また、マニュアル化された内容において懸命で好成績を残す人々は、そのマニュアルに合致しない事態に遭遇した時、次元の違う予期せぬ事態に遭遇した時、その対処法を見つけ出すことができずにうろたえるのである。慣れ親しんだマニュアルの領域に属さない別の事象が発生した時、どのように対応していいか分からず、途方に暮れるのである。そして、そのことは、想定外という言葉で片づけられてしまうのである。

外来語・カタカナ文字を使う場合

言語の分野に焦点を当てた時、そこにも、曖昧さと妥協する精神を否応無しに認識することができる。

私たちが日々使用する言語。口語体と文語体。そしてその中に含まれている外来語。現在私たちが目にする、あるいは耳にする外来語の数は、数知れず無数に存在するといっても決していい過ぎではない。

外来語とは、私が使用している国語辞典の説明によると、外国語に由来し、その国の言葉と化して定着した語とされている。ただし、わが国に古く伝来した漢語は、外来語とは呼ばないと注釈がつけ加えられている。

私たちは通常、外来語を筆記する時、慣例としてカタカナ文字を使用する。この国の外来語の大半は英語に由来するものであるが、中には、アルバム、アンケート、メゾン、アンティーク、ベル、アンツーカー、ブイヨン、ブルジョア、プチ……といったフランス語に由来するものや、医学用語として定着しているドイツ語に由来するものもある。ただし、グローバル化といわれて久しい今日、国際化の波はこの国にも押し寄せ、政治、経済、物流、そして社会通念といった領域の中、人々の交流は加速度的に活発化し、言語の世界も多様化するにいたって、多くの国の言語を見、聞く機会が増え、英語やフランス語やドイツ語に由来する外来語ばかりではなくなってきている。

私たちが手にする全ての新聞、全ての週刊誌や月刊誌、全ての情報誌や広報誌といった出版物のページをめくると、どのページにも必ずカタカナ文字を目にすることができる。一流誌、二流誌、地方紙、小さな刊行物の分け隔てなく、また地域性を問うことなく、全国いたるところ、手に取ることのできる全ての出版物の誌面には、必ず何らかの外来語を表記するカタカナ文字を識別することができる。また街中に掲げられたポスターや、電車やバスの中に吊るされた広告チラシの面上にも、カタカナ文字が印象深く印刷されている。もし奇特な人がいて、私たちが目にする外来語の数をぬかりなく数えたとしたら、千をはるかに超える、いや数千を超える、もしかしたら万の位に達するかもしれない。

外来語は、私たちの国の言語形態に深く染み込み、誰もが使用することに何の違和感も持つことなく、また抵抗を意識することなく、ごく当然のこととして認識している。口語的に、文語的に、外来語を抜きにしては自由に表現することは不可能に近く、制限された感さえしかねないのである。人々は学校で、病院で、職場で、居酒屋で、講演会で、国会答弁で……、数多くの社会形態の中で自由に外来語を交えた会話を成り立たせている。私自身、文章を記述する時、食堂で雑談に興じる時、職場での重要な話し合いの時……、外来語を使用することは多々ある。外来語はもはや外来語として認識するのではなく自然に口から出てくるのである。カタカナ文字を使用することなく社会生活を送ることは不可能に近い。私を含むこの国の人々は、誰もが外来語を信頼し、愛着を持ち、有効的に使用することを有意義な事象として認識しているのである。

なぜ、こうもやすやすと他国の言語を輸入して借用し、こうもやすやすと有効的に活用し、自分のものとして成すことができるのか。他国の言語に依存して文体を組み立てることができるのか。

言語とは、私たち人間の世界では、人と人とが意思の疎通を図るための媒体であり、無数の語彙から成立している。その使途は多様性に満ちて、時に単純で時に複雑である。人と人とは言語を利用して意見を述べ、互いに議論し、互いに喧嘩し、互いに表現し合い、そして互いを理解する。

なぜ私たち日本人は、これほど多くの言語を他国から輸入して使用し、言語構成をしなければならないのか。己の意思を伝達するために、外来語を混ぜる手段を取る必要があるのか。外来語を使用しないで、日本語だけで意思の疎通を図ることはできないのか。純粋な日本語だけで、他国のようにその国の母国語だけで、意思の疎通を図ることはできないのか。日本語全体になにがしかの欠陥あるいは未成熟の部分を有し、意思を表現して正確に相手に伝えることができないと危惧するがためなのか。日本語はまだ発展途上の言語であり、外国産の言語の方が、はるかに明確性に富み実践的であると考察するが故のことなのか。それとも単なる異種好みが昂じてのことなのか。あるいは飽き足りぬ模倣癖の成せる技なのか。いくつもの疑問が浮かび上がってくるが、それらの疑問に答えてみることにする。

外来語は英語圏の人々には通じない

その前に、補足しておかなければならないことがある。

真実の観点から言及すると、カタカナ文字で記入されたり、言葉として会話に登場したりする外来語の大半は、英語圏の人々には理解不可能な言語としてとらえられているということである。本家本元の英語圏の人々には、意味の通じない言語であると受け取られているのである。ある程度日本語に通じる人々でさえ、カタカナ文字が英語に由来する言語であると気づくことはほとんどない。かつて私は他国の人々と職場をともにしていた時、機会を見つけカタカナ文字を使用してみた。カタカナ文字がどれだけ、そのいわんとする意味を正確に相手に届けているかを知ろうと、何度も試してみた。新聞紙上に、週刊誌上に、広告誌上に掲載されたり、また私自身が知識として蓄積していた多くの外来語を使用してみた。ほんの一握りを除いて大多数の人々においては、言葉の真の意味にたどり着くことはできなかったのである。

なぜ、外来語が輸出元である英語圏の人々に通じないのか、あれほど頻繁に目や耳にするカタカナ文字の意味が理解できないのか。そこには発音の問題があることを指摘しなければならない。発音の正確さ不正確さは、言語そのものの正確さ不正確さに通じるもので、発音こそが言語の中軸を成す因子であるといえる。特に英語の場合、発音の正確さ不正確さは、言語そのものの真価を決定する要因になっているのである。

現在私たち日本人が通常使用する日本語は、「あ・い・う・え・お」で始まり、「わ・を」の四十五の音節と「ん」を追加した四十六の音節を組み立てることによって成り立っている。英語は、「A・B・C・D」で始まり、Zで終わる二十六の音節と「TH」を一音節と成す、その音節を加えた二十七の音節を組み立てることによって成り立っている。日本語と英語を比較してみると、大半において音節を主軸とした条件は近似性を持ち、日本人が発音する「あ」はA、「い」はI、「う」はU、「え」はE、「お」はOと耳でとらえることが可能であり、共通の音節として認識することが可能である。厳密に追求することを差し控えたなら、発音については日本語も英語もある程度類似的であり、聞き取ることも発音することも可能であるといえるのである。

しかし、英語の音節でいくつかは、日本語には存在せず、英語にしか存在しないものがある。LとFとTHである。Lの発音は、舌先を軽く丸め、上の歯茎と歯の境目に軽く押し当てることによって発音する音節であり、日本語には存在しない。従って、私たちはこのLの発音を正確に聞き取ることも発音することもできない。ただ、私たちは耳でとらえたLの発音を、Rの発音と同質の音節であると錯覚し、LとRの相違を区別することなくRとして認識するのである。そして、私たちがこのRを、日本語上、同一発音として理解しているのは、ラ行に属する発音である。たとえば、LIGHT（ライト・光）はLで始まる語であるが、私たちの耳にはRIGHT（ライト・右あるいは正しい）としか聞こえず、話す時はLIGHTの意味にもかかわらず、RIGHTとして発音するのである。いくつか例を挙げると、LOVE（ラヴ・愛）はRUB（ラブ・こする）、LAKE（レイク・湖）はRAKE（レイク・くま手）、LONG（ロング・長い）はWRONG（ロング・悪い）、LIST（リスト・名簿）はWRIST（リスト・手首）、LANK（ランク・やせた）はRANK（ランク・階級）、LIFE（ライフ・生命）はRIFE（ライフ・流行する）……。

Fの音節も日本語には存在せず、発音形態を同一にする音節は存在しない。Fの発音は、上の歯先を下唇の中ほどに当て、少し強めに息を吹きつけて出す音節である。Fの音節もまた、私たちは正確に聞き取ることも発音することもできない。このFの発音に対し私たちが日本語上同一の発音として理解しているのは、ハ行に属する発音である。例を挙げると、FOOD（フード・食べ物）はHOOD（フード・ずきん）、FAIR（フェア・催し物あるいは美しい）はHAIR（ヘヤー・髪の毛）、FORM（フォーム・形）はHOME（ホーム・家庭）、FOUND（ファウンド・基礎を置く）、HOUND（ハウンド・猟犬）、FOURTH（フォース・四番目の）はHORSE（ホース・馬）、FOOT（フット・足）はHOOT（フート・野次る）……。

私たち日本人を最もてこずらせる音節はＴＨである。この音節はＴとＨを接合させ、一音節として発音しなければならない。上下の歯先で舌先を軽く噛むようにしながら、息を吹きつけて一音節を作り出すのである。日本人にとって聞き取ることも発音することも難解であり、正確にこの音節をとらえることは不可能に近いといえる。この音節は、私たちの耳にサ行に属する音節としてとらえられている。たとえば、THINK（シンク・考える）はSINK（シンク・沈む）、THIN（シン・痩せた）はSIN（シン・あやまち）、THICK（シック・厚い）はSICK（シック・病気の）、THANK（サンク・感謝する）はSANK（サンク・沈んだ）……。

ここに掲げた三つの音節の例は、私たち日本人の耳を、口を最も悩ますものであり、誰もが正確に聞き取ることも発音することもできない。このように、私たちが外来語として使用している言語が、発音上の問題を抱えるが故に、本家本元の英語圏の人々には理解不可能であり、意味不明な日本語としてしか受け取られないのである。

私たちが日常的に使用している外来語は、国語辞典が明示するように、日本語化され、もはや日本語同様の価値観の下で使用され続けているのである。LをRと、FをHと、THをSと聞き取り、発音することによって、数々の外国語を自国のものとしてきた。何の違和感も持つことなく、何の不自然さも感じず、いっぱしの正しい言語として使用してきた。学者も評論家も、大学教授も知識人も、他の国で活躍するスポーツ選手も芸術家も、言葉に厳しいアナウンサーも、誰一人として発音上に問題があることを指摘し、全く別の意味になることを立証して異議を訴え、外来語の氾濫を防止し、日本語を使用することの重要性を主張してこなかった。いや、むしろこれらの人々は、外来語を使用することに優越感さえ抱きながら、率先して使用してきた感さえするのである。

この国では大半の人々が機会さえあれば、自由に外来語を操っている。人々は外来語をこよなく愛し、執着心を持って日常的に使用している。純粋な自国の言葉だけによる文章より、他国の言葉を混じえた文章により魅力を感じる。その現象は世界広しといえども、日本だけにしか見られない現象であり、欧米諸国をはじめとする多くの国々の出版物には、外来語という特別仕立ての言語をその文面に見つけ出すことはそう多くはない。確かに、他国から輸入した事物の名称に関して、それらの全てを自国の言語に変更しているとはいいがたいものの、できる限り自国の言語を優先的に使用している。他国の言語の響きがいいからといって、また何となく品良く聞こえるからといって、他国の言語に飛びつくようなことはしない。

言語とは、人と人とが意思の疎通を図るための媒体であると先述したように、人と人とは言語によって意思の疎通を図り、互いを理解し合うのである。文語体を通し、口語体を通し。言語の発信元である出版物の内容は、それを購読する受け手、すなわち読者によって理解されなければならない。読者は紙面に印刷された言語を通して、そこに何が書かれているのか、どのような内容が包含されているのかを理解する。また、言語を目で追いながら物語の推移を見守り、主人公や他の登場人物の行動の矛盾や心の変化を楽しむ。言語の発信元である記述者は、己の持つ豊富な知識や卓越した能力を駆使して文体を創造する。文体は一つ一つの言語の持つ重要な意味を認識しながら構成されている。それらの言語は、当然記述者の知識の範疇に属するもので、その使用過程において、受け取り手である読者がその内容を理解し、文体の真意を汲み取ることが可能であるという概念の下でつづられている。どのような紙面でも、そこに連なる言語を通し、読者がその内容を把握して理解することを前提としている。それはまた、会話、講義、評論、授業、研究発表、テレビやラジオの番組……といった口語的形態においても同様の指摘をすることが可能である。言語の連なりで成り立つあらゆる条件は、受け取り手に真意が伝達されて初めてその真価にたどり着くといえるのである。

人は誰もが言語的知識を所有している。しかし、私たちが日常的に使用する外来語は、知識の範疇に属するものばかりだとは限らない。外来語は、そもそも学校教育によって知識化されたものではなく、大半が多様な社会生活の中で誕生し、そして人々の知識の中に収まり得たと認識することができる。学校教育の中で行われる試験で、漢字の書き取りや読み方や意味に関する試験は行われているが、外来語に言及した試験が行われている学校は、ほとんど存在しないと推察する。従って、この国で氾濫する外来語は、知らなければならない言語ではないといえるのである。試験に合格するために、どうしても知らなければならない言語ではないのである。

私たち日本人が執着し、同時に愛着心さえ抱き、普遍性の下で使用し続ける外来語。目で拾い、耳でとらえる数多くの外来語は、その大多数において、正確に意味を理解するという点では、かなりの困難を強いられるといわなければならない。いくら日本語化され、日常的に人々の口に上るからといっても、正確に理解するという観点に比重を置いて言及してみると、やはり難解な用語として指摘することが可能である。あまりにも数多く存在するため、知識が遠く及ばないが故の難解さもさることながら、外来語それ自身、本家本元の英語圏の人々にも通じない、言語の不完全さによるものということができるのである。それでも私たちは、少しも臆することなく使用し続けている。外来語は難解な言語であるにもかかわらず、この国に蔓延《はびこ》っているのである。

その理由を説明することによって、前記の疑問に答えることができるのである。単なる異種好みが昂じて、あるいは模倣癖にほだされて、という理論も一つの定義として成り立つ。しかし、私はここで別の理論によって、なぜ、日本人はこれほど多くの外来語を使用しているのかに答えてみたい。この理論は、日本人的資質によるものとも、日本人的特徴によるものともいえるもので、この理論においてこの国では外来語が氾濫しているのである。

私たち日本人は、理解していないにもかかわらず、理解したふりをする人々である。理解したふりのできる人々なのである。他人が使用した言語に対し、たとえ初めて耳にした言語であり、自己の知識の枠外にある言語であっても、その言葉は何という意味を持つのですか、すみませんが教えてくださいと要望するより、知ったふりをする。外来語の意味を的確にとらまえることができなくても知ったふりをし、理解したふりをして自己を納得させるのである。いまだ記憶の中に存在せず初めて耳にする言葉であり、正確な意味が理解不可能な状況にあっても、その言葉の意味を追求するために精力を傾注することなく、曖昧さと妥協することによって知っているふりをし、自己満足を完遂させるのである。

教授の口から、講演者の口から、評論家の口から、いろいろな人々の口から、あるいは多くの出版物によって発信される外来語は、真意の把握に遠く及ばなくても、理解するという最も重要な事象に及ばなくても、曖昧さと妥協することによって理解したふりをし、そして満足を抱く。私たち日本人は、曖昧さと妥協する精神を持ち合わせているが故に、理解したふりをする、理解したふりのできる人々なのである。

そこには、人間的姑息さの存在を見出すより、むしろ心的要求によって紡ぎ出された、曖昧さという概念と妥協することを余儀なくされた人々の人間的本質の存在を見出すのである。その理において、この国ではこうも過剰気味に外来語が使用され続けているのである。

スペイン・マヨール広場にて

スペインの首都マドリードの繁華な市街の中ほどに、マヨール広場という名称の広場が存在する。広場は長方形の形をして、いたって大きく、四辺をバルコニーを持つ四階建ての建造物に取り囲まれている。赤レンガ色をした人工の建造物は、過去の栄華を物語るかのように威風堂々とした趣を呈し、広場を支配している。観光名所として知名度を有しているため、広場を目指す人々が途絶えることはない。

四階建ての建造物は居住者を抱え、一階部分では数々の商店が軒を連ねている。土産品店、衣料品店、装飾品店、レストラン、切手屋、帽子屋、工芸品店、古銭店、カフェー、バル……等の店々が、歴史や伝統を引き継ぎながら、広場に集う人々を歓待している。また、片隅では何人かの似顔絵描きたちが場を占め、正面を向いて椅子に座る依頼者の、やや緊張気味の顔を伸びやかなタッチで描いている。毎週日曜日には、古切手や古銭の市が開かれて、早朝から賑わいを呈している。

十二月になると、この広場は一年の内で最も混雑した繁忙の時期を迎える。伝統的なクリスマスの市が開かれるからである。数知れぬ小さな店々が、広場のいたるところを占領して軒を連ね、クリスマスプレゼントを所狭しと並べ立てている。おもちゃ、衣料品、仮面類、食料品、装飾品、菓子類、帽子、化粧品……が陳列もままならぬほど雑多に置かれ、人々の購買意欲を刺激している。これらの商品の中で、ひときわ注意を引く代物が存在する。山から運び込まれた樅《もみ》の若木が、根っこの赤い土塊をむしろのようなもので包み込まれて、商品として並べられているのである。ドン・キホーテの子分、サンチョ・パンサ風情のずんぐりむっくりした赤ら顔の山男たちが、二、三人で談笑しながら番をしている。

十二月も中旬を過ぎると、広場はクリスマスプレゼントを買い求める無数の家族連れに占領され、繁忙は類を見ないほどになる。

クリスマスのこの時期に、必ず広場の一角にガラス張りの四角い小屋が出現する。それほど大きな小屋ではない。この小屋は商品の陳列や販売を意図しているものではない。広場に集う人々の多くはこの小屋の存在を事前に知っていて、ゆっくりと静かな足取りで近づいて行く。中には立体的な人形が何個か配置され、一幕の無言劇が演出されている。色彩豊かな配色によって、登場人物の表情を事細かに効果的に浮かび上がらせている。

ひつじ飼いの家で、今まさに誕生したイエス・キリストが聖母マリアの胸に抱かれている。太くて丸い両腕で誕生したばかりの我が子を抱きながら、聖母マリアは慈愛に満ちた眼差しを注いでいる。計り知れない神々しい優しさが辺りを支配している。荘厳なオレンジ色の光の中、無上の喜びに胸を詰まらせた農夫たちが駆け寄り、口々に祝福の言葉を述べている。巧みな演出によって、空には星がまたたき、庭では何匹かのひつじが草を食んでいる。

この一幕の無言劇に思いを寄せる広場の人々は列を成している。笑いは慎まれ、にやけた顔は引き締められ、厳かな自重の中で列を乱すことなく進んで行く。神妙で意味深げな面持ちで小屋の前に進み出ると、胸の前で十字を切り、膝を軽く曲げて礼をする。幼少の子供を胸に抱えた父親は指差して、目の前の神々しい光景の意味を噛んで含めるように説明している。小屋のガラスに顔を近づけ目を輝かせる小さな女の子に、母親は落ち着いた重々しい声で説明している。老人はすばやく被り物を取り、胸の前で十字を切り何事かをつぶやきながら静かに退散する。耳たぶに金色のピアスを輝かせた若者は、神の子の誕生の瞬間を心に刻み込むかのように、忘我の境地で見入っている。

かつては全市民が、現在の世でも市民の六十五パーセントが敬虔に神を信じ、キリスト教を信じる国ならではの光景である。この四角い箱型の小屋の前へ来て、十字を切ってかしずく人々は、天空のはるかな高みに神の世界が存在することを、微塵も疑うことなく信じながら今日を生きている。彼らは、喜びも悲しみも幸も不幸も悩みも自分一人のものとはしない。彼らは、これらの全てを神に告白する。時に人道に背き、あってはならない間違いを犯したり罪を犯したりした時、教会の神父の前で懺悔して深くひれ伏し、後悔の念を告白する。彼らは宗教の人々である。

十二月二十五日、クリスマスの日は、この世に、この世の救世主として誕生したイエス・キリストの誕生を祝福する日である。聖誕祭である。そしてキリスト教徒たちにとって、神との接点を再認識し、神のご加護の下、日々の生活を営むことができることへの感謝の日である。クリスマスは、キリスト教徒たちが家族全員身近に集い祝福する、一年の内で最も貴重な日である。クリスマスの真意は、イエス・キリストの誕生を祝福し、家族が集い、そして、神のご加護に対して感謝することにある。

現在の世、クリスマスは世界のいたるところで行われている感はある。しかし、これは決して世界の慣習として行われている行事ではない。これは、世界のいたるところに存在するキリスト教教徒たちによって、あるいはキリスト教的文化土壌の上に成り立つ国や地域の人々によって営まれている行事であって、その真意とともに行われているのである。

私たちの国日本でも、十二月二十五日クリスマスは、なくてはならない年中行事の一つである。子供から老人まで、数知れぬ人々がクリスマスがやってくるのを待ち侘びている。クリスマスプレゼント、クリスマスチキン、クリスマスケーキ、クリスマス合コン、クリスマス花火、クリスマスイルミネーション……。数々の催し物がこの時期の町並みを彩る風物詩として長く定着している。デパートやスーパーは、クリスマスを重要な商機と位置づけ、贈り物を賑やかに謳い上げて人々を扇動する。都会でも地方都市でも田舎でも、クリスマスは商業的になくてはならない存在であり、あらゆる場所で行われている。人々は街へ繰り出してその日を楽しむ。

しかし、私たちの国では、クリスマスは宗教的行事であることを認識する人々はごく限られている。私たちの国においてキリスト教を信じる教徒たちは、人口比率にしてわずか一パーセント、あるいは二パーセントに過ぎない。そしてクリスマスの真意を知っている人々もまた、その真価を理解する人々もごく限られた人数でしかない。過去の史実から見て、私たちの国の人々はキリスト教とはまったく無縁であったとはいいがたいものの、かといって、キリスト教教徒たちによって文化的土壌が構築された事実は存在しない。歴史的背景が証明することは、私たちの国ではキリスト教の影響下では、過去に何事も構築されたことはなかったという事実である。従って私たちの国の人々の大半は、キリスト教という宗教とは遠く距離を置いた人々である、ということができるのである。

しかしながら私たちの国では、こうも賑やかに、こうも無遠慮に、こうも無造作に、こうも必要不可欠な行事としてクリスマスを行うのである。その真意を推し測ることもなく、その真価に抵触することもなくクリスマスを執り行うのである。国は違っても、他人の成すことを渇望し、そして模倣する。国は違っても、人々が楽しくプレゼントを交換し飲み食いしている様を渇望し、そして模倣する。客体として生きる人々だからこそできることであり、客体として生きる人々だからこそ許されることである。曖昧さと妥協する精神は、その真意を追求することを必要としない。いかなる事物も、この世に存在するいかなる事物も、その真意によって成り立っているということを知る必要性を認識しない。他人のものを渇望して模倣するが、しかしその真意までは見極められず、表面的に形式化したところに落としどころを見つけるのである。

仏教の国にもかかわらず

極論を述べると、六世紀に日本に伝来した仏教でさえ、この国では本来の仏教思想を、純粋な仏教思想を持ち合わせてはいない。仏教の根本思想である輪廻転生や因果応報が、信心の重要な課題として人々の心をとらえたということはない。歴史教科書の伝によると、西暦五三八年、飛鳥時代に日本に伝来したとされる仏教は、それ以降長きに亘ってこの国の国教として定着してきた。その時代時代の権力者の意向に従って、数多くの紆余曲折を体験して栄枯盛衰を繰り返してはきたが、大政奉還によって江戸幕府が終焉をむかえ、明治政府が樹立されて天皇に政権が返上され、日本古来の神道が表舞台に再登場するまで、この国の国教として存在してきた。しかしながら、仏教がその本質において人々の心の中に信心の対象として存在したことはなかった。

ルース・ベネディクト女史は、『菊と刀』において次のように述べている。「日本は一大仏教国であるにもかかわらず、いまだかつて輪廻と涅槃の思想が、国民の仏教的信仰の一部となったことはない。これらの教えは、少数の僧侶たちが個人的に受け容れることはあっても、民衆の風習や民衆の思想に影響を及ぼしたことは一度もない。日本では獣や虫を、人間の魂の生まれ変りだからという理由で、殺さぬようにするというようなことはない。また日本の葬式や出生にともなう儀式は、輪廻思想の影響を全然受けていない。輪廻説は日本的思想の型ではない。涅槃の思想もまた、一般民衆に全然理解されていないばかりでなく、僧侶自らがそれに手を加えて、結局なくしてしまっている。」（『菊と刀～日本文化の型』「第十一章　修養」二九一頁、長谷川松治訳、講談社学術文庫）

仏教における世界観は、人の一生は苦しみの上に成り立つものであり、その苦しみは永遠に続く輪廻の中で、転生を繰り返しながら終息することはないという理論の上に構築されている。転生先には、三界六道の世界が存在する。欲界、色界、無色界の迷いの三世界と、地獄、餓鬼、畜生、阿修羅、人間《じんかん》、天上の六道の世界である。これら三界六道の転生先は、前世、現世、来世と続く三つの次元の永久的流れの中で、人の行動や生き方を因果としてとらえ、前世の善い行いが現世で幸をもたらし、現世の悪い行いが来世で不幸をもたらす、現世で善い行いをすれば必ず来世では幸に恵まれるという応報の理論によって導かれるものである。そして、人の魂は決して消滅することはないと定義づけ、いく度も生まれ変わるものであり、輪廻転生の理によって、猿、牛、熊、すずめ、蝸牛、蟬、蜂、蝶、魚、鶏……といった私たちが日頃目にする様々な動物や昆虫等、数多くの生命体が対象となっているのである。

与えられた苦しみから抜け出すことを解脱と称し、苦しい修行を積み重ねることによって解脱の域に達するとされている。苦行をすることによって、人の持つ欲望を餓死せしめなくてはならない。肉欲、物欲、所有欲を餓死せしめなくてはならない。自然の摂理の中で成立する妻帯でさえ、肉欲の対象となるため、あってはならないことである。

このような仏教の本質が、私たちの国では歪められている。ルース・ベネディクト女史は、次のようにも述べている。「自虐的苦行がことごとく取り除かれているばかりでなく（中略）禁欲主義的ですらない。隠遁生活をする『悟り』を得た人びとでさえ、世捨て人と呼ばれてはいたけれども、妻子とともに、風光明媚な場所に居を構えて、安楽に暮らすのが普通であった。」（前掲書、二九二頁）

私たちの国では、いつの時代でも、遠い過去の時代でも、物事は本質とともにあるという概念は育まれてはいないのである。やはり、曖昧さを基調として吸収し、そして消化していくのである。

〝タイムライン〟をしっかりとして

平成二十六年七月四日、太平洋上マリアナ諸島付近で発生した台風八号は、勢力を強めながらフィリピンの東海上を北西に進んだ。六日、大型で非常に強い台風となって沖縄地方に接近してきた。気象庁は、暴風と波浪による大きな被害が予想されるとして、十八時二十分に沖縄県宮古島地方に、そののち沖縄本島地方に、台風を原因とする事例においては初めて「特別警報」を発表し、住民に最大級の警戒をうながした。八日朝、台風は中心気圧９３５ヘクトパスカル、中心付近の最大風速は五十メートル、最大瞬間風速は七十メートルないし七十五メートルと推測された。台風は勢力を維持したまま、宮古島南島八十キロまで接近した。沖縄県では、「特別警報」の中、県内の十九市町村にあたる約五十九万人に避難勧告が出された。九日未明、沖縄本島地方に出されていた、大雨、強風、波浪に対する「特別警報」は一旦解除されたが、午前五時頃から県内の多くの地区で大雨が観測され、読谷村では七時十分までの一時間に九十六・五ミリを記録したため、「大雨の基準」で再び「特別警報」が発表された。

台風はその後、勢力を弱めながら東シナ海を北上し、九州に近づいた。そして七月十日午前七時頃、鹿児島県阿久根市付近に上陸した。その時の勢力は中心気圧が980ヘクトパスカル、中心付近の最大風速は二十五メートルと予想された。その後台風は九州を横断するかたちで東へ進み、午前十時頃宮崎県沖に抜け、速度を速めて四国沖を通過し、十八時三十分頃和歌山県南部に再上陸した。東海沖を東へ進んだ台風は、七月十一日午前二時半頃伊豆半島南部を通過し、五時前に千葉県富津市付近に再上陸し、同日午前九時に関東の東海上に抜け、太平洋上北緯三十七度、東経百四十二度で温帯低気圧に変わった。

台風八号の通過や接近によって、折しも日本列島上空に停滞していた梅雨前線が刺激され、活動が活発化したため大雨が降り、多くの県で大雨や強風の被害が出た。全国で死者三名、重軽傷者六十三名、住宅の全半壊十五棟、一部破損七十九棟、床上・床下浸水五百八十棟と報告された。沖縄県から山形県にかけての十一県で約十四万人に避難勧告が出され、山形県、新潟県、岐阜県で約四千人に避難指示が出された。

台風は広範にわたって大きな災害をもたらすことは周知の事実である。気象庁が報じる予報を十分踏まえた上で、台風が接近あるいは上陸が予想された時、災害に対する市町村の対応は適切でなければばならない。避難勧告や避難指示を必要事項と考慮しながら、住民の安全をどのように守っていくか重要視しなければばならない。人的被害をどれだけ無に近づけることができるか、行政機関従事者や防災担当者は、満を持した対策を打ち出さなければならない。

台風八号が温帯低気圧に変わったあと、ＮＨＫテレビは午後七時のニュースの中で次のような防災の取り組み方を紹介していた。進路の予報の円中にあった和歌山県某町の取り組み方である。その町は、全国に先がけた独自の手法として、〝タイムライン〟*という名称の行動計画を取った。タイムラインとは、NHKテレビのアナウンサーの説明によると、計画的な防災対応であり、台風などのようにある程度事前に予測ができる災害に対し、有効な手法であるとして注目されているとのことだった。そしてその町が、台風八号に際して取った防災計画の一部を紹介した。三日前、施設の点検、役割の確認。二日前、職員の参集、資機材の準備。台風接近、避難準備の呼びかけ、避難所の開設である。同時に町長の言葉として、「行政のタイムラインをしっかりとして、タイムラインにのって（命を守る）行動を住民に取ってもらう、そういう体制を作ることがこれからの大きな課題」。

前もって計画を立て、その計画に基づいて必要な行動を取る手法は、確かに高く評価できる。行政機関の職員たちが計画を十分把握し、何をすべきかを認識しながらそれを行動として生かした時、防災の目的や実効性は大きく高まることは間違いないといえる。そこには、防災担当者や市民の一人一人がその計画の重要性を理解し、どのような行動を取らなければならないかをも理解する必要性が存在する。

NHKテレビのアナウンサーによって、または町長によって何度か語られたタイムラインという言葉は、果たしてどれほどの人々が正確に理解できていただろうか。その言葉を耳にした時、どれほどの人々がすぐに反応して、やるべき行動を的確に頭の中に思い浮かべることができただろうか。タイムラインという言葉は日本語ではない、外来語である。その言語を正確に理解できずして、防災に対するその本質を理解できるかどうか疑わしい。その言語を正確に理解できずして、その計画そのものの意図を汲み取ることができるかどうか疑わしい。老人、子供、体の不自由な人、あらゆる条件の人々を考慮した時、不特定多数の人々を認識した時、もっと分かりやすい、聞き慣れた、誰もが知っている言語を使用して初めて、はっきりと人々の胸に通じる言語を使用して初めて、防災の真意を実行することが可能であるといえる。

甚大な被害が予想され、真剣な対応が要求される時でさえ、日本人の思想は本質的ではなく、曖昧であるため、その行動は俊敏さや的確性を欠き、遅きに失することになりかねない危惧を過分に含んでいるといわなければならない。最も重要視されなければならない本質を抽象化し、どこかの誰かが使用したタイムラインという言語を、外来語を使用することに意義を感じるのは、日本人独特の風潮であるといえる。

*国土交通省によると、「取るべき行動を時系列で整理した防災行動計画」のことを言う。

〝トリアージ〟とは

ＮＨＫテレビは、このニュースの中でもう一つ別の類似的事例を紹介した。〝トリアージ〟*という外来語の使用である。今回の台風八号の通過に際し、その進路が予想された熊本市は、医療現場で使用しているトリアージという手法を災害時の情報整理に導入した。トリアージとは、選別という意味である。怪我の程度に応じ、治療を優先させなくてはならない患者を選別していく。その手法を、災害時に寄せられる情報整理に利用した。内容の緊急性に応じて、Ａ・Ｂ・Ｃの三つのランクに分類して関係者に連絡し、優先順位に従って対応していく。情報が正しく入って、優先順位を決めて、今、何をすべきか決断する、これが必要なことという主旨の下で、熊本市役所が全国で初めて、災害時の情報選別に導入した。その手法の内容において、有意義でなおかつ有効的であることは、誰もが認識するところである。しかしそこで語られたトリアージという用語もまた、外来語である。対応に当たる職員は、その用語の持つ意味を熟知していなければならない。その用語の意味を的確に把握することによって、今、何をすべきかを判断して行動に移行する。そして現場の緊急性に即応しなくてはならない。広範にわたって次々に舞い込んでくる多種多様な情報は、一刻の猶予も待たずして整理されなければならない。トリアージという用語がどれほど市職員の胸中にその真意を違えず浸透していたか定かではないが、選別という日本語が存在するのに、和歌山県の例と同様、外来語を使用している。外来語を使用すれば効率が上がるわけではない。また良い結果をもたらすわけでもない。外来語は魔法の言語ではないのである。しかしながら、私たち日本人は外来語を使用することに、価値観を見出すのである。たとえ周到で繊細で有効的な計画を立案しても、その本質が一人一人の胸に届かなかった時、そこには戸惑いや不安や混乱が発生するといわなければならない。私たちは、曖昧さと妥協する精神を持ち合わせているが故に、何事においてもその本質に言及することはないのである。

*トリアージ（triage）、トリアージュとも言う。患者の重症度に応じて、治療の優先度の選別を行うこと。識別救急とも言う。

曖昧さと妥協しながら

他人との相互関係において、建て前の論理を育んできた人々は、同時に、曖昧さという概念をも育んできた。私たち日本人は、曖昧である。私たちは、曖昧さと妥協する精神によって、何事も吸収し消化していくのである。この国では、曖昧さという概念は誰もが持ちうる重要な哲学であって、人々はこの曖昧さを基調として人生観を培っている。私たちにとって、曖昧さはなくてはならない哲学的条項であり、社会全般のあらゆる分野で行動形態の根幹になっているといえるのである。

また私たちは曖昧であるが故に、本質の存在に気づかない。この世の全ての事柄には本質が存在するということに気づかないのである。厳しい見解を述べるならば、この国では、人間の存在さえも本質的ではないといえるのである。自己の持つ人権を主張することはない、主義を主張することはない、能力を主張することはない、そして、存在価値を主張することはないといえるのである。

曖昧さという概念を再度確認してみると、善か悪かどっちつかずであり、優柔不断であり、煮え切らない態度であり、中途半端であり、なあなあであり、風見鶏的であり、機会主義的であり、ブレやすく、判断力に乏しく、決断力に乏しい……。私たちはこれらの概念と妥協を図りながら、人生観を培い、社会様式全般を構築しているのである。そこには、強い精神力は存在せず、不動の信念は存在しない。すなわち、私たち日本人は、確固不動の強い信念を持つ人々ではない。揺るぎない強靭な信念に裏打ちされた行動を取る人々ではない。客体として存在する自己は、常に第一義的存在である他人に対し、気を配り、同調を求めて活動することに専念するが故に、自己の自我の主張は、控えめで抽象的にぼかされ、確固不動の信念を所持するのには程遠く、曖昧さと妥協を図りながら心的要求を納得させていくのである。

第五章
他人の存在

他人が存在するから自分が存在する

「家」の永久的存続と家名の名誉を保つとするこの方程式において、私たち日本人は、他人は第一義的価値を有する存在であるとし、同時に優位的地位を有する権利を所持していると認識してきた。そして、私たち日本人の全ての自己は、客体として存在し、第二義的価値を有する存在としてこの世に生息してきた。従って、自己が存在するから他人は存在するのではなく、他人が存在するから自己は存在するというこの言語（このような在り方）は、日本人の形態を表現する一つの言語として使用することが可能である。

第一義的価値を有する他人を、私たち日本人は常に意識下に置くことを余儀なくされた人々であり、他人の存在を一時もないがしろにすることを許されない人々である。他人は、自己を査定して評価を下すという資質を所持しているため、自己は、社会生活を営むあらゆる条件の中で、いたるところに存在する他人を常に意識下に置かなければならない。意識下に置きながら注意を払い、軽率で無思慮なことをいったり、不面目で恥知らずな行動を取ったり、あくどい言動をしたりすることによって、非難されたり笑われたりすることのないようにしなければならない。そして、慎みや思慮深い気配りをすることに、ひたすら心を砕かなければならない。

他人とは、自己以外の人の存在に対する名称であり、自己を除く全ての人々が他人であるといえる。親、兄弟といった血縁に準ずる家族の成員もまた、他人と称することが可能であり、道行く人々は老若男女を問わずして他人である。地域社会、学校、職場といった社会形態の中で遭遇する全ての人々が他人である。

私たちは日々の生活を営む中で、好むと好まざるとにかかわらず、必ず他人との接触は起こり得ることであり、朝、昼、夜の区別なく他人の存在を知覚するのである。たとえ外出を控えて家の中にいて、部屋から一歩も出ずその部屋に閉じこもり、視覚的には他人の存在をとらえることがなくても、家の前を走る車は他人によって運転されているのであり、電車、バス、飛行機等から聞こえてくる音は、他人によって作り出された音である。道路工事の騒音、子供の叫び声、建築作業の音、テレビの音、流れてくる音楽もまた、他人という対象者によって作り出された音に他ならない。

朝、ふとんの中で目覚めた瞬間から、私たちは何らかの形で他人の存在に接触し、そして、夜、就寝するまで何らかの形で他人との相互関係を保ちながら生息しているのである。

他人を意識下に置く

　他人を常に意識下に置かなければならない、その法則によって、私たち日本人は他人の存在にことさら敏感に反応するということができる。同時に、他人の口から発せられた言葉にも、ことさら敏感に反応するということができるのである。他人の口から発せられた言葉は、ある種の重要な意義を持って自己の耳に入ってくる。そして他人の口から発せられた言葉は、重い質量を伴って承認されるのである。自己は、他人の言葉を素直に信じ、懐疑の念を抱くことなく、また反論して真意の相違を見極めたりすることなく受け入れる。他人の言葉を鵜呑みにし、その言葉が表現する条件に合致した事象を胸の内で創造する。

　たとえば、他人の口が〝あんたは、うすのろだ〟といえば、自己は、その言葉によって表現されたうすのろという内容の事象を胸の内で創造し、自己に当て嵌め、そして、自己は、うすのろだと認識する。また、他人の口が〝あんたは、がんこで分からず屋です〟といえば、自己はその言葉を鵜呑みにし、胸の内で、がんこで分からず屋という人物像を創り出して自己に当て嵌め、そして私はがんこで分からず屋です、と認識するのである。他人の口が〝お前は、悪い人間だ、賢い人だ、横着な人だ、優しい人だ、明朗な人だ、意地悪な人だ、卑怯者だ、美しい人だ、ぶすだ、センスの良い人だ……〟といえば、自己はそれに合致した内容の人物像を胸中で創り出して自己に当て嵌め、その人物像において承認されると認識するのである。また周囲の人々も、他人の言葉を信じやすいといえる。もし誰かが〝あの人は、とても気配りの上手な人ですよ〟といい、それを別の他人が聞いた時、いわれた対象者を、気配りの上手な人として認識する。他人の言葉を鵜呑みにして信頼し、他人の言葉を裏書きする人物像を胸中で描き出す。己の思慮で、その対象者を判断して人物像を描き出すことは、決してしないのである。

私たち日本人は、他人の言葉を信じやすい人々である。ほとんどの場合、他人の言葉は承認される。他人は優位的存在であると認識するが故に、私たちは他人の言葉を信じるのである。その理において、私たちは他人の言葉に左右され、喜び、悩み、怒り、落ち込み、そして傷つくと認識できるのである。軟弱な信念を支柱として人間的資質を構築している私たちは、他人の言葉に敏感に反応し、神経過敏にその内面性を揺り動かされるのである。

強い信念によってその人間性が確立されている人々は、他人の言葉を信じやすいという現象は、ほとんど起こりえないといえる。彼らは、もし他人の口が〝あんたは、ぶすですね〟といっても、自己の信念が、私は美人ですと認識していればそれが全てであって、自己の胸中で他人の口から発せられた内容の人物像を創造し、自己に当て嵌めたりはしない。

また別の条件下において、たとえば、机の上に置いてあった五百円玉がいつの間にかなくなっている。そして父親が無実の子供に、お前が五百円玉を盗《と》ったんだろうといった時、その子供が、いいえ、私ではありませんといえば、その子供は父親にいわれたことに対し、気を悪くしたり腹立たしさをつのらせたり、傷つけられたりすることはない。なぜなら、強い信念によって、いいえ、私ではありませんといえば、それが全てであるからである。強い信念によってその存在価値を認識する人々は、そう簡単に他人の言葉で落ち込んだり、傷つけられたりすることはないといえるのである。

私たちはまた、優位的存在である他人に感化されやすい人々である、とも表現できるのである。日本人の大きな特徴は、他人が所有しているものを、他人が食しているものを、他人が着用しているものを、他人が使用しているものを、欲するということである。自分も他人が所有している車と同じ車を、家を、自転車を、船を、ゴルフ用品を、衣類を……所有したいという欲望を抱く。自分もあの人が食しているチョコレートを、アイスクリームを、バウムクーヘンを、スペイン料理を、会席料理を、和菓子を……食したいという欲望を抱く。あめ玉一個にしても、パンの一切れにしても、他人が口をもぐもぐさせていると、そのあめ玉を、パンの一切れを欲しいという衝動を抱く。他人が着用している衣類やブランド品を、自分が似合うかどうか考慮することなく、着用してみたいという欲望を抱く。この国のおしゃれの感性は、他人が着用しているものと同様のものを着用し、他人が選択するブランド品を自分が選択することにある。この国の人々は、己の所有物を他人と同様の所有物にすることに意義を感じ、喜びを感じる。また私たちは、他人が暑いといえば自分も暑いと感じ、他人が寒いといえば自分も寒いと感じる。他人が楽しいといえば自分も楽しいと感じ、他人がつまらないといえば自分もつまらないと感じるのである。私たち日本人は、他人によって嗜好を左右され、そして他人によって思考を左右されるのである。

興味の対象としての他人

他人を常に意識下に置く、その法則を要点として行動形態を司る私たちは、他人の存在にことさら敏感に反応し、同時に、他人を興味の対象として、認識しているといえる。そして、他人を干渉する、という性癖を身につけていると表現することが可能である。

他人が、どういうことをいったのか、何をしたのか、どこへ行ったのか、どういう家に居住しているのか、何を食べたのか……といった他人に属する数々の事柄に対し、私たちは逐一知りたい要求におそわれる。他人が抱える諸条件に対し、事情や動機や内容、そして現況を追究してみたい欲望におそわれる。他人が織り成す様々な条件を分析して明らかにしたい欲望におそわれる。この国では誰もが他人の存在に敏感に反応し、そして興味を抱き、同時に干渉するということを得意としているのである。

テレビが放送する番組内容は、世相を反映した内容に彩られているが、昨今の番組もまた例にもれず、世相を反映した数々の内容によって構成されている。私たちが最も興味の対象として認識する番組、他人に対する干渉癖が生み出す論理に基軸を置いた番組が存在する。連日のように、それもいくつもの放送局がしのぎをけずりながら放送している。他人事に焦点を当て、その他人の過去や現在を紹介する番組が数多く見られる。登場人物に属する家、屋敷、車、家財といった所有物や家族形態を紹介し、同時に家族の成員にまつわる悲喜こもごもの心情の変化を、余すことなく暴き立てる。その家族が現在どのような問題を抱えているのか、厳しい経済情況とどのように対峙しているのか、を容赦なく暴露する。また、登場人物の過去と現在を対比させ、幸や不幸、あるいは人の世の浮き沈みを証明する事例の一つとして紹介する。

ある放送局では、二、三人の出演者が有名な温泉地を巡り、名だたる宿に宿泊して、そこに湧き出る温泉を堪能し、そして浴衣姿で海の幸や山の幸で盛りつけされた豪勢な料理に舌鼓を打つ。温泉宿を取り巻く景勝のみごとさや温泉の泉質や湯加減を事細かに紹介し、同時に黒塗りのテーブルの上に並べられた料理の食材の出所や味加減を伝える。箸先でつまみ上げられた鯛の一切れは、脂が乗って光沢を放ち、今が食べ頃であることを如実に物語っている。「ほんとうに、おいしいですわ」出演者の口から言葉がもれる。

他の番組では、日本に在住する外国人の母国をその外国人とともに訪れて、どのような国の、どのような地域の、どのような町の出所であるかを紹介する。その外国人の家族構成や家屋の内部構造、そしてどのような生活習慣を持ち、どのような食生活を営んでいるか等を紹介する。遠い異国の地の異国の人々も、今や干渉癖所有者である日本人に、娯楽を提供する対象者となってしまっている。

風光明媚な場所に位置するその温泉地を訪れて入浴し、豪勢な料理に舌鼓を打つという実体験は、出演者、すなわち他人によって成される行動であるが故に、テレビの前の視聴者は、自分もまた、あの人たちと同様の行動を、他人に追随する行動をしてみたいという願望を抱く。あの温泉地のあの宿へ滞在し、そしてあの料理を食してみたいという欲望を抱く。外国人を案内役としてその人の母国を訪れ、紹介する番組もまた類似的趣向によって構成されているのであり、テレビの前の人々は他人事として興味の対象とすることが可能なのである。

確かに、未だ訪れたことのない景勝地や名高い観光地、あるいは外国の地の異文化の人々、その生活環境や社会様式や経済情況等に興味を抱くのは、日本人ばかりではなく、どの国の人々も共通の事象として所持しているといえる。しかし、私たちの国のこれらの番組から受け取られる印象の特徴は、どの番組も、他人の介在を通し、出演者の介在を通して番組が構成されているということであり、その結果、他人事の範疇に属する事柄として、テレビの前の視聴者は認識することができるのである。もしこれらの番組が、他人という登場人物を配置せず、テレビ画面に出演者も誰も介在させず、ただ、自然の中に存在する風光明媚な場所や温泉地、有名な宿や豪勢な料理を、あるいは外国の地や異文化の人々を、ドキュメンタリータッチで収録して放送しても、ことさら他人の言動に興味を抱き、干渉するというこの国の人々の本質を満足させるにはいたらず、すぐに飽きられてしまいかねない。他人の存在に対して興味を持ち、そして干渉し、その行動を追随して模倣することに意義を感じるこの国の人々を、満足させることにはならないのである。他人を一人も介在させず、温泉地や有名な宿やみごとな料理、あるいは遠い外国の地や異文化の人々を紹介しても、今まで知らなかった知識を伝授しても、この国の人々は決して喜ぶことはないのである。

この国には、他人を干渉する番組は数知れず存在する。中でも、干渉癖を如実に証明するニュース番組が存在する。このニュース番組は、各局が年中行事の一つとして必ず視聴者に提供するものである。年末年始、または夏期休暇の時期、人々は国外、国内を問わずして旅行を企てる。駅構内や空港の待合室は、バッグを手にした人々で混雑を極めている。家族連れ、友人同士、恋人同士と多様な状況に身を置く人々が、列車が発車するのを、飛行機が飛び立つのを今か今かと待ち受けている。テレビ局の取材記者が必ず出現してインタビューを試みる。〝どちらへ行かれるんですか。何日ぐらいの予定で、そこで何をするんですか〟。インタビューに答える。〝ハワイ、スペイン、イギリス、ヨーロッパ、韓国……。四泊五日、一週間、十二日間、五泊六日……。泳ぎに、サグラダファミリアを見に、モンサンミッシェルとフランスワインを堪能しに、福岡のおばあちゃんち、鹿児島へ久し振りの帰郷、北海道の両親に初孫を見せに、スキーと温泉を楽しみに……〟。いろいろな返事が返ってくる。この時期になると必ずどの放送局もこのような放送をする。

このニュース番組は最も日本人的光景を示すものであり、他国にはこのような番組は存在しない。他の国ではまずもって、このような番組を見ることはできない。もし他国でこのようなインタビューを試みたとしたら、〝余計なお世話だ、俺がどこへ行こうがお前には関係ないことだ、あっちへ行ってくれ〟と追い払われるのが関の山だといえるのである。なぜなら他の国では、他人を干渉することも、他人から干渉されることも良しとはしない思想が育まれているからである。他の国の人々は、自己と他人は異なる存在だと理解し、自己は自己、他人は他人という概念によって、他人を興味の対象としてとらえることはなく、また他人の思想を追随することは不可能であると認識しているため、他人への干渉癖は発生しないともいえる。従って、他人がどこへ行こうが、どんな宿を取ろうが、どの店のどの料理を食べようが、興味の対象として取り上げる題材にはならないのである。他人事に属する事柄をあげつらうのは、常に他人を意識下に置かなければならない、客体的人々だけである。

干渉の論理の押し付けが

テレビの世界が取り上げる干渉の論理は、私たちの身近な生活環境の中で誰もが体験しうることである。この国では、他人を干渉する、あるいは他人から干渉されるということは無意識の内にも習慣化され、どこにでもその形態を認識することができる。

列車は、通勤通学の他に、所用で移動する人々や旅行のように、遠距離や近距離を移動する人々にとって、なくてはならない存在である。誰もが列車を利用することの利便性を痛感し、日常生活の活動領域を大なり小なり広げることに役立てている。

改札口を通って駅構内に入ると、列車の目的地、発車時刻、ホーム番号を知らせる掲示板が、すぐ目に飛び込んでくる。その掲示板は、どこどこ行き列車は、何時何分に、何番線ホームから発車する、という情報伝達を主旨としている。利用者はこの掲示板の内容を追従する形で、それぞれの目的地へ到着するようにプラットホームを選択する。プラットホームには、各駅名を記した路線図とプラットホーム番号を併記した時刻表が立てられ、利用者は自分の意図した目的地へ向かう列車は、間違いなくこのホームから何時何分に出発するということを確認することができる。これらの情報は利用者にとって必要不可欠なものであり、毎日この駅を利用する人々は熟知しているにしても、列車利用頻度の少ない人々やこの駅を初めて利用する人々にとって、不安や戸惑いや混乱を防ぐために有用な事柄である。

列車運行に携わる人々は、国内のいたるところ、あるいは世界の国々を問わずして、利用者にこれらの情報を提供することを重要な責務として負っているといえる。かつて私が経験したマドリードのアトーチャ駅、パリのノール駅、ロンドンのロンドンビクトーリア駅、ドイツ西部の小都市のアハン駅でも、多少の相違は有しても的確な情報は提供していた。

利用者は、駅で表示される情報を頼りに迷いのない行動を取り、乗車する列車を選択する。そして乗車し、目的地へと向かう。その行動において、私たちの国では、干渉するものと干渉されるものとに区別されるという表現に基づいた行為が実施されるのである。

利用者はまず、掲示板を頼りに自分が行くべきプラットホームへと足を進める。追い打ちをかけるように、構内放送が流れ、掲示板と同内容の情報を伝達する。その放送は何度か繰り返され、列車が到着して利用者が乗車し、ドアが閉まるまで数繁く放送される。乗車したのち、出発するまでのわずかな時間に、こんどは車内放送が流れ、掲示板と同内容の構内放送と同内容の放送が繰り返される。車内放送は出発時刻を反復し、同時に最終目的地を反復する。次に、向かう駅名が順次に告げられ、ところどころ到着時刻が追加される。合間に、一人でも多くの方が座れますように座席は詰めてお座り下さい、座席に置いてある手荷物は膝上か網棚の上に載せて下さいと流れる。ドアが閉まり列車が発車すると、次に停車する駅名が告げられる。それから次の停車駅のその次の停車駅が告げられる。列車によっては客車の中ほどにある乗降ドアの上部に電光掲示板を設け、そこに向かう駅名が順次流れ、または到着する駅名が表示される。車内を巡回する車掌は、次に停車する駅名を連呼する。私が利用している私鉄の始発駅では、一つの列車の出発に際し、掲示板、構内放送、チャイム、ベル、ホイッスル、プラットホーム担当員による呼び掛け等が行われ、そして車内放送が流れる。

なぜ、これほど数多く情報を提供する必要があるのか。なぜ、次に停車する駅の、その次の停車駅まで知らさなければならないのか。なぜ、毎回毎回同じことを放送する必要があるのか。なぜ、手荷物のことまでいちいち口を出さなければならないのか。これはもはや、情報提供の領域には収まらない。また、気配りの上手さや親切心による必要事項の伝達には収まらない事象であるといわなければならない。干渉癖の領域にこの事象を持って行った時、よく理解できるといえるのである。

客体である自己は、利用者は、自己の力を信じ、自己の能力を信じ、自己の判断力を信じて行動する人々ではない。子供の頃、家庭の中で親から、ああしなさい、こうしなさい、ああしてはだめ、こうしてはだめと干渉されてきた自己は、成人して大人になっても、やはり干渉されて初めてその行動を起こすのである。他人に干渉され、うながされて初めて動く人々なのである。次はあなたが下車する駅ではありませんよ、あなたの降りる駅はもっと先ですよ、と車掌は乗客を干渉して誘導する。あなたが降りる駅は次です、忘れ物のないようにして下さい、と客体的自己をうながす。この列車は○△行きです、十二時三十五分に到着します、と自己を安心させる。手荷物を隣の席に置くと他の人が座れません、網棚に載せるか膝上に置くかして下さい、車掌は細やかに干渉して必要事項を知らせ、自己の行動意欲を鼓舞する。到着したら必ずカード読取機にタッチして下さいね、真中の丸い輪のところに赤色ランプが点灯したら、もう一度タッチをやり直してくださいね、車掌は並々ならぬ努力を傾注し、干渉癖を終始一貫遂行しながら業務をこなす。そして自己は、干渉されるがままに、いわれるがままにその行動を取るのである。

　他国で列車を利用する時、私たちの国と同様に、多くの回数を重ねて同じ情報を提供する列車に出くわすことは、まず有り得ない。最低限の情報は提供する。それだけで十分である。なぜなら他の国の人々は、自主的行動を旨《むね》としているからである。他人によって干渉され、他人にいわれるがままに行動することはしないのである。彼らは自己の力を信じ、自己の能力を信じ、自己の判断力を信じ、そしてちゃんと目的地へたどり着く人々なのである。従って他国の列車は、時刻が来れば静かに発車し、何の前触れもなく次の停車駅へ到着し、そして何の前触れもなく静かに発車し、目的地へ向かう。車内放送もなければ、構内放送もそう頻繁に行われているわけではない。ただ、列車の停車位置とプラットホームとの間に隙間等が存在し、乗客に注意をうながす必要があった時、それに対する放送は流れる。彼らは、他人に干渉される以前に自主的行動を取るのである。

みんな一緒という連帯性―他人と歩調を合わせる

私たち日本人は自主的に、独立的に、独自の方向性を見出す人々ではない。独自に物事を追求していくことはない。私たちは何事においても他人を模倣し、同時に他人の思想を追随していく。そして、他人と共通の条件下に身を置くことを、意義深いことだと認識する。そのような人々の習性は、常に他人と歩調を合わせることを命題としているということである。私たち日本人は、他人と歩調を合わせることにことさら精力を傾注する。そして、みんな一緒、という概念を最も貴重なものとして受け止めている。私たちは、みんな一緒、という概念において統括されることを、何よりも大事な事項だと考えているのである。

みんなとは、自己を含めた、あるいは自己を含めない、他人と称される個々の集合体である。みんな一緒とは、みんなと同じように笑い、みんなと同じように泣き、みんなと同じように怒り、みんなと同じように涙を流す。みんなと同じ考えを持ち、みんなと同じように行動する。私たちの社会では、みんな一緒、みんな仲良く、みんなの体操、みんなの歌、みんなで力を合わせて、みんなのように……という用語が数多く見られる。「みんな」という言葉が（ヨーロッパ諸語の）定冠詞のように、人々に愛着を持って広く受け入れられている。

　また私たち日本人は、みんな一緒という概念の下で発生する連帯性を重要視するのである。そしてその連帯性の延長線上に存在する、仲間、という概念を、ことさら貴重なものとして認識しているのである。私たちは、仲間に入れるか、それとも仲間外れにされるかという両極端の事柄に特別な関心を抱くのである。この国の人々は、みんなと同じことをすることによって、みんなと同じ考えを持つことによって、みんなと同じものを着用することによって、連帯性は育まれ、同時に、仲間は形成されるものと認識している。私たちは、没個性的で、非独創的でなければならない。個性を主張する人や独特の感性の持ち主や、変わったことをする人や自由な発想で着こなす人は、仲間に入れてもらえないのである。

　日本人の定石とされる観念は、常に常識的な存在でなければならないということである。その常識的な存在の内容は、突出してはならず、異質的であってはならず、反論してはならず、でしゃばってはならず、無遠慮であってはならず……、ごくごく一般的な存在で、誰が見ても変わり者として受け取ることはなく、普通人でなければならない。平均化した基準値の中に収まる存在でなければならない。

　たとえば、雨が降りつのる中、傘をささずに濡れ鼠の格好で街を悠然と歩いていたら、あいつは変わり者だと称される。なぜなら、雨が降る時は必ず傘をささなければならないという常識が存在するからである。映画鑑賞時において、物語を理解した上で、突然一人だけ吹き出し声を上げて笑ったりすると、あいつは変なやつだと称されるのはごく一般的である。どんな映画でも笑う時はみんな一緒であり、一人だけ突出して笑うことは、変なやつのすることだという常識が蔓延しているからである。どんなにつまらない冗談でも、周りの人が笑った時、それに合わせて笑わなければならない。笑わなければ、あいつは無能だと称される。みんなと同じように笑うことは当然のこと、という常識が存在するからである。

この国のテレビでよく取り上げられる話題として、オリンピック競技やサッカーのワールドカップのような世界規模の大会が開催される時、開催国の競技場建設の遅延状況に注目し、あと数日を余すのみの大会開始予定日まで、この競技場は完成可能かどうかを危惧する主旨の放送がなされる。他の多くの国ではこのような放送は皆無である。日本人は、大会開始日までに競技場は完成していなければならないという常識によって物事を見ているが、他の多くの国の人々は、競技場が完成していようが、いまいが、与えられた状況の中で大会は行われるという多様な状況を汲み取る精神を持ち合わせているため、予定外のことが起きてもさほど意に介することはなく、テレビ局が放送する話題にはならないのである。

異質の存在、多様性の存在こそが

私たちは、変わり者を排斥し、異質の存在をアウトサイダーと称して排斥し、みんなと同水準にないものを無能呼ばわりして蔑視し、標準的行動のできないものをうすのろと称して遠ざけてきた。劣等的資質に対しても優等的資質に対しても、標準の秩序を乱すものとして仲間外れにしてきた。これが、みんな一緒という概念が要求する不動の原理である。私たちは、変わり者と称される人々を、劣等的人々を、優等的人々を、アウトサイダー的人々を、個性の強い異質的人々を、みんな一緒という概念の枠の外へ追いやってきた。枠の内側へ入ることを拒否し、枠の外側へ追いやってきた。そのことは、私たち日本人は、多様な人々を認識することなく、この世の中には、いろいろな人々が存在しているということを認識することなく、同一の、標準化した人々しか相手にしてこなかったということに他ならないのである。

この、みんな一緒という概念を深く追求すると、そこには、多様性への否定、多様なものの存在への否定を認識することができるのである。私たちは、長い歴史を通して培ってきた文化的土壌において、みんな一緒という概念をことさら尊重するが故に、その枠の中に打ち解けられない、融和できないものの存在を、異質のものの存在を、多様なものの存在を認識する思慮を育んでこなかったということができる。従ってこの国の多くの人々は、いろいろな条件を、いろいろな人々を、いろいろな要因を、いろいろな環境を、多様性の存在を見逃す結果を招いているといえるのである。

贈り物文化と「義理」の存在

この国の人々は、他人に対し、よく贈り物をする。お世話になったという名目の下、よく贈り物をする。その「お世話になった」とは、結婚式の仲人であったり、職場内での有用な助言であったり、困った時の助け船であったり、窮地に立った時の援助であったり、結婚相手の紹介であったり、物品の融通であったり、就職先の紹介であったり、仲間としての配慮であったり……といくつもの動機によって蒙った恩恵である。

私たち日本人は、他人から蒙った恩恵に対し、律義に忘れることなく返礼をする習慣をその精神の中に育んでいる。盆にはお中元を、年末にはお歳暮を贈ることが代表的事例として認識できることといえるが、その他にも多くの贈り物がいたるところに存在する。旅先で仕入れた土産品、近所の酒屋にうまい酒が入荷した、裏山で採れた筍や茸、家の前の畑で収穫したキャベツや人参、果物の時期になれば柿、みかん、桃、りんご、なし、苺、ぶどう……。隣近所の家では、肉じゃがのおすそわけ、白菜の漬物、手作りの菓子やケーキ、煮魚のおすそわけ……。豊富な贈答の品々が、恩恵の対象としていたるところに存在する。

他人から与えられた恩恵にたいする返礼を、これほど律義に、これほど如実に形態として表現する国は、世界広しといえどもこの国をおいて他にない。恩恵に対する返礼を義務の範疇として実行するのは、日本人的特徴の一つであるといえる。そこには、客体として存在する自己は、第一義的価値を所持し、優位的存在である他人から蒙った恩恵に対し、常に何がしか返礼をしなければならないという義理が観念として存在するからである。義理は、恩恵に対する返礼を意味する日本人的思想である。客体である自己が、第一義的価値を有する他人に対し、相互関係を円滑に構築しようとする心的要求によって発生する思想である。確かに、人の持つ親切心や優しい心配りからも事物の提供は行われることは誰もが承知していることであるが、しかし、これほど多くの贈答の品々が慣例化されることはない。

この国では、タバコ一本に対しても、茶菓子一切れに対しても、コップ一杯の水に対しても、他人によって成された恩恵に対しては返礼をしなければならない。他人から授けられた事物によって、いくばくかの利益を得た場合、その利益と同等の、あるいは少な過ぎるといわれない程度の返礼をしなければならない。客体的自己は、他人が成した恩恵に対し、いかほどの返礼が相応であるかを推し測り、そして返礼を忠実に具体化しなければならないのである。

もし、その返礼が滞ったりないがしろにされたりした場合、そこには、非難や中傷や揶揄の類が待ち構えているのである。〝あいつは恩知らずだ。世間知らずだ。一般常識を持ち合わせていない。義理をわきまえていないやつだ。けちくさい人だ。物事の意味が理解できていない、もう友達つき合いはできません……〟となる。優位的存在である他人は、返礼は当然成されるべき行為だとして認識しているからである。また社会全般の概念も、返礼はやってしかるべき行為だとして認識しているのである。

おもしろいことに、この国では、義務の範疇として行われる義理の観念、すなわち、他人から蒙った恩恵に対して返礼をするかしないかによって、人間性や人格が確定されるのである。本来、人間性や人格は、道徳律や倫理観と照合して確定されなければならない。誠実な人、優しい人、けちな人、狡猾な人、真面目な人、いい加減な人……は、道徳律や倫理観を主軸としている。しかしこの国では、どんなに誠実な人でも、どんなに優しい人でも、他人に対する義理を怠った時、前述のような悪評を投げかけられるのである。逆に、どんなに狡猾であくどい人でも、他人に対する義理を果たした時、善人としてその評価を得ることができるのである。端的に述べると、人の人間性や人格の善し悪しは、優位的存在である他人に対し義理を果たすか否かによって決められるといっても決して誤りではない。

多くの国では、他人によって成された行為によって自己が恩恵を受けた場合、そこに義理の観念が発生して返礼をしなければならないという社会通念は培われていない。贈り物や事物によって恩恵を受けた時、それと同等のあるいは少な過ぎるといわれない程度の返礼をしなければならないという思想は、人々の頭の中に発生することはない。大なり小なりの贈り物や事物の提供を受けた時、その重要度やありがたみは痛感するにしても、そこに恩義の理論が発生することはないのである。提供者は単純に純粋に贈り物や事物を提供するのであり、受け取る側も単純に純粋に受け取るのであって、二人の間には複雑な思惑の遣り取りなどは発生しないのである。なぜなら、彼らは客体として存在している人々ではないからである。従って、客体的思想も日本人的行動形態も持ち合わせていないのである。彼らは、他人の存在を自己より優位的であり、第一義的価値を有する存在として位置づけていない。他人が存在するから自己が存在するという法則も持ち合わせていない。そして、常に他人を意識下に置くこともない。自己と他人との相互関係はいたって平等で、彼らは互いの人間性を尊重し、同時にその行為を尊重する。彼らの行為は、大半において主観的意図の下で行われるものであり、義理の思想を必要とすることはないのである。

恥をかくということ――「家」や「家名」との関係において

恥もまた日本文化の主軸を担う哲学の一つである。私たちの文化は、恥の文化ともよくいわれている。「家」との因果関係において、家名の名誉を守ることをことさら重要視するこの国の人々は、恥をかくことを何としてでも回避しなければならないと考える。恥をかくということは不名誉なことであり家名を穢す要因になる。恥をかく、この事象を深く追究した時、そこには必ず他人の存在を認識することができる。自己の他に、他人の存在あるいは他人の存在を意識した概念が存在する。恥をかくということは、他人の思想によって自己の行為が分析され、そこに負の評価が付与された時、恥をかくという事象が成立するのである。また、他人によって個の持つ権威が失墜するような事柄が起きた時、その個は、恥をかくことに直面するのである。

ただ、恥をかくというこの事象は日本人だけが持つ特徴的な事柄ではない。国や文化を問わずして、人々は、恥をかくことに遭遇する。家名の健全性を追求する思想を持たない国の人々においても、やはり恥をかくことは起こり得るのである。多くの人びとの前でぶざまに転んだり、着用している衣服に大きなほつれがあるのに気づかなかったり、場違いな服装をしたり、職場の上司に人前で業績の不振を非難されたりした時に、誰もが恥をかく。

また狡猾な行為をしたりいかさまをしたり、横着な行為をしたり卑怯な行為をしたり、人道に背く行為をしたりした時、どの国においても、恥を知りなさい、という言葉が投げ掛けられる。すなわち恥ずべき行為を成した時、戒めの言葉として、恥を知りなさい、という言葉が投げ掛けられるのである。恥をかくことは洋の東西を問わずして普遍的に負の命題として存在する、と同時に、恥は多くの国においても道徳律の一つの象徴として存在するのである。

ただし、道徳律の領域における恥は、私たちの国と他の国との間には、性質上の相違が存在することを述べなければならない。他の国では、その行為が、恥をかくことを意味した時、その行為の実行者は、他人に指摘されなくても、他人に恥を知りなさいといわれなくても、私は悪いことをした、私は恥をかく行為をしたということを認識し、心の中に悔悟や戒めの念を抱いて煩悶する。ところが私たちの国では、同様の恥をかく行為を行ったとしても、その行為をしたことが他人の思想に触れなかった時、ようするに、その恥をかくという行為が誰によって成されたのか誰も気づかなかった時、実行者は、その行為を悪行あるいは過大ないたずら、やってはいけない恥ずべき行為だとは受け取らないのである。そして反省の念にかられて心を悩ましたり、自己に対する戒めの念を抱いたりすることはない。心の中に悪い行為をした、恥をかく行為をしたという認識は湧いてこないのである。他人の誰かが明確に実行者を特定し、何らかの非難を提示した時、または他人の思想が、間違いなく実行者は誰であるかを認識していることが予想された時、初めて実行者は恥ずべき行為をしたことを理解して、道徳的規準に照合して後悔の念を抱いて煩悶するのである。

他人によってもたらされる、この恥をかくことを回避するため、すなわち家名の健全性を守り「家」の名誉を守るため、私たちは、生活様式や行動形態の中にいくつもの規範を培ってきた。立ち居振る舞い、言葉遣い、着こなし、挨拶等をはじめとする礼儀作法を重要項目として育んできた。他人の思想に良く映り、誰が見ても負の評価を与えることがないようにと心を砕きながら、形式化した美意識を重要事項として培ってきた。私たち日本人の思考行程は、行動の指針は、他人から非難されないように、嘲笑されないように、軽蔑されないように、そして恥をかくことのないようにである。

「新《あたら》し物好《ものず》き」と「もったいない」

「日本人は新しいもの好きだ」（〝新《あたら》し物好《ものず》き〟）という言葉をよく耳にする。そして最近「もったいない」という言葉をよく耳にする。この二つの言葉を考察した時、そこには共通の原理が存在することに気づく。つまり、この二つの言葉の出所は同じ本質にあるということである。

新しいものとは、外観美、性能、構造、時代性、機能性等において最先端を行くものであり、今を旬とするものであり、人々の心をとらえる要素に満ちたものである。家電製品、家具、衣類、食料品、車、建築物、思想、芸術、文学……、これらいくつもの事物において新しいものという概念を認識することができる。

「もったいない」、この言葉を私たちの社会は遠い昔から育んできたものと推測される。しかし、この言葉が一躍世間の注目を浴びるようになったのは、かつて、ケニア共和国の副環境大臣を務めた環境保護活動家で、二〇〇四年、ノーベル平和賞を受賞した、今は亡きワンガリ・マータイ女史が二〇〇九年に来日した際、日本には、「もったいない」という言葉がある、とその言葉に感銘を受け、世界中に〝ＭＯＴＴＡＩＮＡＩ〟という概念を広めようとしたことを契機としている。

もったいないとは、いろいろな事物において、新しい古いに関係なく、その事物が所持する価値に対し、その価値がかえりみられずないがしろにされた時、人々の感性は、もったいないという概念を抱く。まだ使用できるのに、まだ着られるのに、まだ食べられるのに、まだ乗れるのに、まだ傷んでいないのに、まだ……。私たちがこのような言葉を口にした時、次いで出る言葉は、もったいないである。まだ価値を十分に残しているのに、その価値をないがしろにして捨てる。この国で口にされる「もったいない」は、事物が所有する価値が認められず損なわれた時、人々の感性が発する言葉である。

家名の健全性において、他人が評価の対象としていることは、その「家」の住人たちの言動にだけと限定されているわけではない。家名の健全性に関する事象は、その「家」の住人たちの言動はもちろんのこと、同時にその「家」に属する事物に対してもかかわり合いを持つのである。いうなれば、その「家」に属する全てが、他人の思想による評価の対象となるのである。

他人の思想は家の内側まで入り込み、何かにつけて評価の対象とする。まだ、あんな古びたテレビを見ている、がらくた同然のテーブルを使用しているよ、色褪せた薄汚い衣服を身に着けている、時代遅れの車に乗っているよ、古臭い冷蔵庫を使用している……。その「家」の住人たちは、これらのものを所有していると他人から悪評を買うことになる。製品はどこも悪くないし故障もしていない、まだ十分使用可能で製品価値はまったく損なわれていないのに、その「家」の住人たちは他人からの悪評を恐れるあまり、それらの製品をゴミとして集積場へ持って行かなければならない。まだ愛着があって着られるのに、多少の色落ちのせいで捨てなければならない。捨てる理由は一つも有していないのに、他人に笑われることを恐れてゴミとして出さなければならない。この国の他人は、古いものを、型がいびつなものを、見かけの悪いものを、時代にそぐわないものを蔑視し、新しいものだけに価値を見出すが故に、どこも悪くないのに廃棄場へ持って行かなければならない。

その「家」の住人たちは、他人の思想によって名誉を穢されないように、見た目の悪い、しかしまだ使用可能で十分価値を有する事物を、ゴミとして捨てなければならない。そして新しいものを買い揃えなくてはならない。新しい車を、新しい冷蔵庫を、新しい衣類を、新しいテーブルを……。新しい、他人好みの、良い評価を得られるものを。ゴミ集積場は、このような論理を反映した事物によって山となっている。その山を見た人は、つい、「もったいない」という言葉を口にする。「日本人は新しいもの好きだ」という言葉も、「もったいない」という言葉も、他人の評価によって家名の名誉が浮沈する、その本質において発生した言葉なのである。

この国で使用されている「もったいない」は、ワンガリ・マータイ女史が意図した、ものを大事にすることによって、ものの真価をとことん追求することによって、発生した言葉ではない。古いという理《ことわり》（由）によって、人に笑われ恥をかくという（道）理によって、惜しげもなく無造作に、どんどん事物を捨ててしまう実状を目にした人の感性から出た嘆きの言葉なのである。

女史は短期の日本滞在で、どれだけ日本人に、日本文化に触れたか、またどれだけ日本の内情を知り得ていたか推測しがたいが、表面に浮き出た、この「もったいない」という言葉だけをとらえて、日本人の資質の本性と認識したのだろうと想像する。私たちが、ものを大事にする、真の意味において、「もったいない」という言葉を概念として心の中に刻み込んだ時、女史の「MOTTAINAI」に応えることができるといえるのではないだろうか。

「日本人は新しいもの好きだ」（新《あたら》し物好《ものず》き）という言葉と「もったいない」という言葉は、他人に笑われて恥をかくことを回避するための哲学が生み出した言葉である。と同時に、客体的本質によって存在する人々の、宿命的要因によって誕生した言葉であるともいえる。

私たち日本人は、自主的精神を駆使し、他人の言葉を否定することは不可能な人々である。他人が、「まだあんな古い、時代遅れの車に乗っている」といった時、「まだエンジンのかかりもいいし、どこも悪くない。私はこの車がとても気に入っているんだ」と他人の思想に反抗するだけの力を持たない。私たちは強い意思によって、自己の内面を主張することは不可能なのである。

タテマエとホンネの心情

自己を除く全ての人々は他人であるという条件の中で、私たちが日々に接触する人々に焦点を合わせた時、そこには、十人十色や人それぞれという言葉によって証明される、様々な人間模様を認識することが可能である。人格、人間性、人生観はもちろんのこと、人間の資質に基礎を置く様々な人々を見出すことが可能である。良心的な人、正義感の強い人、善人、悪人、強欲な人、頑迷な人、嫉妬深い人、でっち上げの名人、嘘つき、正直者、打算的な人、穏やかな人、横着者、優しい人、神経質な人、賢い人、親切な人、卑屈な人、要領の良い人、明朗な人、意志薄弱な人、意地悪な人……。

自己が日々に接する人々は、決して善人で心優しい人ばかりだとは限らない。温和で親しみやすい人ばかりだとは限らない。明朗で正義感の強い人ばかりだとは限らない。その資質において種々であり、なかなか一筋縄では理解できない。扱いにくく、接し方を誤ると反感を買うことになりかねない。悪口や苦言の対象として槍玉に上げられることも想像される。

それでも自己は、建て前の論理を駆使しながら、親近感を演出して、他人の集合体であるみんなと調和を保つことを試みる。愛想笑いを浮かべて懸命に挨拶をしながら、人々の和の中へ入り込もうと試みる。しかし、建て前の論理は、いくら習慣化し常態化しているからといっても、自己犠牲を伴う精神の奉仕活動を主軸として創造した行動形態であるため、ことさら労力を必要とする。親しみを込めて他人と接し、相互関係を良好に構築することは、細やかな心的配慮がなくてはならず、自己の精神はいつでも何がしかの負荷を背負わなければならない。神経をすり減らす労苦をしのがなくてはならない。その理《ことわり》（道理、物事の筋道）において、自己の精神は疲弊し、他人に対して不平不満をつのらせることもしばしばである。従って、自己が本心を取り戻す時、すなわち、他人の存在を周囲に皆無だと知覚し、建て前の論理を脱ぎ捨てて本音の世界を見出した時、自己は他人に対し煩わしさや疎ましさを感じ、時として訝《いぶか》しささえ感じるのである。

この国では、自己にとって他人は親しみを込めて近づく対象者であるというより、むしろ距離を置いて離れる対象者であるという方が的を得ているといえるのである。本音の領域では、できることなら他人との間に距離を置き、接触を回避したいという要求を所持しているといえるのである。

今、ここで述べた、自己にとって他人は距離を置き離れる対象者であるということを証明する興味深い記述をサイト上で見出すことができた。この記述は、虎頭（ママ、当時）玄純氏が、二〇〇九年十二月にサイト上に発表したものである。虎頭氏は、企業のサラリーマン生活を終えた後、日韓経済交流団体の専務理事を経験し、現在もその活動に係わりつつ、大学院大学で経営学を教えたり、リーダーシップの研究をしたりしていると紹介されている（京橋玄純の歴史ブログ「日中韓の交流史」による。以下同）。

「日本人は心が冷たい」――人と人との距離感

「他人との間に距離を置く日本人の感覚」と題し、『日本と韓国の思想――この似て非なるもの。日本人と韓国人はお互いに相手を理解できないでいます。両国とも儒教の影響を受けているのに何故でしょう。』と前置きしたあと、次のような記述を紹介している。

ＮＨＫ「ハングル講座」の講師で東海大学の教授でもある、チョ・ヒチョルさんから、「肉談（ユクタン）」について、先日お話を伺いました。肉談というのは「セックスを題材とした小話」のことで、日本語の「猥談（わいだん）」と似てはいますが、猥談よりは爆笑を誘う明るい笑い話の性格が強いものです。韓国人は、私的な飲み会でも、会社の公式なパーティでも、軍隊の宴会でも、盛んに肉談を披露しあい、涙を流し、肩を抱いて笑い合うのだそうです。

この風習には、韓半島の庶民が長い歴史のなかで苦闘してきた、圧政と貧困を忘れるために必要だった要素が確かにあります。しかし、もうひとつの要素があるとチョ・ヒチョルさんは話されました。それは、「初対面の人とすぐに仲良くなりたい」という喉の渇きにも似た感情が韓国人に強いからだと言うのです。

それを聞いて私には、「他人と適正な距離を置きたい日本人文化」と「他人と距離を置くことを怖れる韓国人文化」という多分に図式的な想念が浮かびました。それを言うと、「そう言えばこんなことがあった」とチョ・ヒチョルさんは教えてくれました。

先生は来日して20年経つのですが、半年前に韓国に帰り、講演会を聴きに行ったそうです。会場に最初に到着した先生は、広い講堂の前の方の真ん中に座って待っていました。すると、見知らぬ年配の女性が二番目に入ってきて、先生のすぐ隣に寄り添うように座ったので、チョ・ヒチョルさんは思わず腰を浮かしたと言います。日本の生活が長くなっていたので、他人同士なら先着者から一定の距離を置いて座っていく日本の習慣に慣れていたので、驚くと同時に「韓国流はこうであったなあ」と懐かしく思いだしたのだそうです。

日本人と韓国人では、自分と他人の「適正な距離」に対する感覚が違っているようですね。しかし、あるタイ人学者の書いた本によると、韓国人だけでなくアジア各国からの留学生や社会人たちも、日本人の他人との距離感に違和感を覚えるとアンケートに答えています。日本人に対する褒め言葉は、勤勉なこと、革新的なことなどですが、以下に、否定的な評価の回答例を挙げてみましょう。

台湾人A「日本人は心が冷たい」
タイ人B「日本人は他人に対する関心がない」
タイ人C「日本人はいつも渋い顔をしている。笑うことを知らないみたいだ」
タイ人D「日本の経済力は尊敬できるが、人としては好きになれない」
インド人E「日本人には人間的要素が全くない」
インドネシア人F「日本人はいつも仕事の話ばかりで面白くない」

その他に、「他人に心を開かない」、「何を考えているか分からない」、「東南アジア人をバカにしている」というのもありました。

日本人が「適正」と考えている「人と人との距離感」は、アジア人に、「冷たい」し「何を考えているか分からない」印象を与えるのでしょうね。深く付き合えば、「日本人の心はあたたかい」と分かると思いますが、「他人に対するヨソヨソしさ」は、やはりあるのでしょう。

これは、日本の近代化がもたらした産物かもしれませんが、原型思想にもその芽があるように思えます。

私たち日本人は、他人との間の距離を、韓国人や他国の人々以上に必要とするのである。そこには二つの理由が存在する。一つ目は、私たち日本人は、本音の領域では他人を好意的に親近感を持って接触する対象者としてはみなしていない。何度か記述したように、日本人にとって他人は評価する側の存在であり、評価される側の自己は、その他人を常に意識下に置かなければならない。常に他人を意識下に置くということは、精神的負荷を背負うことを余儀なくされているということであり、少しも心が休まることはない。愛想笑いを浮かべて懸命に挨拶をすることは過大な労力を必要とする。従って本音の領域では、他人の存在を煩《わずら》わしく、疎《うと》ましく、訝しくである。他人は決して友好的で身近に感じる対象者ではない。日々に他人事で明け暮れる私たち日本人の感性は、決して他人に対し親近感を抱き友好的であるとは限らないのである。その理由によって、他人との間に多くの距離を必要とするのである。

もう一つの理由は、「かたがき化」のところで記述したように、私たちの国では、文化的土壌の中に長年培い、未だ所持している階層制度の存在によって、人と人とが接する時は必ず互いの立場を尊重しなければならないという社会通念としての礼儀の存在を上げることができる。上下関係を無視した接触の仕方をすれば、当然のことながら悪評を買うことになる。私たちは立場を理解するため、相手を「かたがき化」しなければならない。その相手を「かたがき化」し終え、自己との関係を明確にすることが可能になるまで、身近に接することを差し控えるのである。他人が所有する立場と、自己が所有する立場を明確に理解するまで気安く近づくことを良しとはしないのである。たとえ接触したとしても、遠慮がちにヨソヨソしく曖昧にでしかない。かたがきを作成し終え、相手を理解することは、相手に対し失礼のない礼儀作法で対応することを意義深い条件として考慮するが故にである。私たちは、面識のない初対面の他人と遭遇した時、他人の動向に注意を払いながら、最初は遠くからながめ、観察し、少しずつ距離をせばめてその人を掌握する努力をする。そしてかたがきを作成し終えた時、安心して話し掛けるのである。

かたがきを作成することは、いろいろな条件下で必要ならば作成するが、通常、興味の対象とならない単なる他人に対し、作成することはないのである。従って、他人とは距離を保つことを礼儀としているといえるのである。また、私たち日本人は、たとえ、かたがきを作成して他人と接触し、会話を持って懇意にしたとしても、その人個人の名において、その人の生身の人物において懇意にしているのではない。あくまでも、その人のかたがきが明示する、かたがき上の人物においてである。すなわち、一人の人間対一人の人間においてではなく、一つのかたがき対一つのかたがきにおいてである。

韓国人や他国の人々のように「かたがき化」する必要のない人々は、人間対人間において、一個人対一個人において接触し、互いを身近に感じながら打ち解けることが可能であるが、私たちの国では、日本人同士でさえ、本当の意味で心を打ち解け合うことは不可能に近いといわざるをえない。前出の「日本人は心が冷たい」～「東南アジア人をバカにしている」といった彼らの指摘は、的を射ている。人と人とが真意の中で実直に接触して初めて、互いの内面は理解できるのであるが、私たち日本人は、相手の内面に対し話し掛け、その内面を理解する術を持ち合わせていない。人の内面を理解することなく、また気心を通わせることなく、ただ表面的友好の態度で、ある程度距離を保ちながら他人との相互関係を構築している。私たち日本人は、そう簡単に他人を自分の懐に入れないし、自分もまた他人の懐に入って行かないのである。そのことは、裏を返せば、日本人は孤独な人々であるとも表現できるのである。

迫られる他人他者に対する意識

私たち日本人は、他人の評価に甘んじる人々である。自主と独立において、自己の存在価値を追求するものではない。

私たちは、優位的存在である他人の言動に敏感に反応する。同時に、他人に興味を持ち、干渉し、模倣することを得意とする。そして連帯性を育むことに執念を燃やす。私たちは、強い信念を持ち合わせていない。他人の思想を、他人の評価を否定するだけの強い精神力を持ち合わせていない。私たちは、他人の言葉を信じやすく、他人に感化されやすく、他人に誘導されやすいと表現することが可能である。

他人が存在するから自己が存在するという法則を基調として存在する人々の特性は、他人に接する時は常に、自己犠牲を伴った精神の奉仕活動である、建て前の論理に基づいた行動形態を取らなければならないということである。そのような人々が本音を取り戻した時、そこには、他人に対する煩わしさ、疎ましさ、訝しさが発生する。日本人の本音の領域では、他人に対し、親近感を伴う友好性に基づいた接し方をするというより、その対照を成す閉塞的内面によって接するのである。私たちは、他人との間の距離を他の国の人々以上に必要とするのである。

第六章
日本人は、客体である

ミス三島がアメリカに住んで

ルース・ベネディクト女史（アメリカの文化人類学者）は、その著書『菊と刀〜日本文化の型』（長谷川松治訳・社会思想社［使用文献］講談社学術文庫）の中で、ミス・三島の自叙伝『わが狭き島国』を紹介している*（末尾の注記参照**）。

ミス・三島は、昭和初期、保守的家族をやっと説き伏せてアメリカ留学を果たし、ウェルズリ大学で学んだ教養と知性に溢れた才女であった。

〔先生も学友も非常に親切にしてくれた、と彼女は述べている。だがそのためにいっそう彼女はつらく感じた。「日本人の誰もがそうであるように、私も自分の行状は全く非のうちどころがないと考えていたが、その誇りは無残にも傷つけられた。私はこの国ではいったいどうふるまったらよいのかいっこうに見当のつかない自分自身に対して、また私のそれまで受けてきたしつけをあざわらうかのごとく思われた環境に対して、憤りを感じた。この漠然とした、しかしながら根深い怒りの感情のほかには、もはやなんの感情も私の中に残らないようになった」。彼女は自分を、「この別な世界ではなんの役にもたたない感覚と感情とをもった、どこか他の遊星から落ちてきた生物であるかのように感じた。あらゆる動作をしとやかにし、あらゆる言葉づかいを礼儀にかなうようにすることを要求する私の日本流のしつけが、この国の環境の中で――そこでは私は、社会的にいって、〔全くの盲目であったのであるが〕右も左も全くわからなかったのであるが――私を極度に神経過敏に、かつ自意識的にした」。彼女の緊張が解け、彼女にさしのべられる好意を快く受け容れられるようになるまでには、二、三年の歳月がかかった。アメリカ人は彼女のいわゆる「洗練されたなれなれしさ」をもって生活している、と彼女は断定した。ところが、「なれなれしさはぶしつけなこととして、三歳の時すでに私の心の中で圧し殺されてしまった」。

＊ Mishima,Sumie Seo,*My Narrow Isle*,1941,p.107.〔なお原著にはミス・三島とあるが、三島は結婚後の名前である――訳者〕

ミス・三島は彼女がアメリカで知り合いになった日本の娘たちと、中国の娘たちとを比較対照しているが、彼女の評語は、アメリカの生活が両国の娘たちに、いかに異なった影響を与えたかということを示している。中国の娘たちは「たいていの日本の娘たちには全くみられない落ち着きと社交性とをもっていた。これらの上流の中国娘たちは、一人残らずほとんど王者のごとき優雅さをもち、世界の真の支配者であるかのごとき趣きがあって、私には世界中で最も洗練された人たちのように思われた。この偉大な機械とスピードの文明の中にあっていささかの動揺をも見せない、彼女たちのものおじせぬ態度と堂々たる落ち着きぶりは、私たち日本の娘たちのたえずおどおどした、過度に神経質な態度といちじるしい対照をなしていた。これは社会的背景になにかある根本的な差異のあることを物語るものであろう」。

ミス・三島は、他の多くの日本人と同じように、まるでテニスの名手がクロッケーの試合に出た時のような感じがした。彼女のすぐれた技倆は、まるで役にたたなかった。彼女は今まで習い覚えてきた事柄が、とうてい新しい環境に持ち込むことのできないものであることを感じた。彼女が受けてきた訓練は無益であった。アメリカ人はそんなものはなくとも結構うまく生活していた。」（『菊と刀』第十章 徳とジレンマ、二七六～二七八頁）

ミス・三島は、日本人の道徳律を順守し、他人に批判されることのないように、笑われて恥をかくことのないように、厳格な両親の下、見事なまでの礼儀作法を習得し、全く非の打ちどころがない、と考えるにいたっている。そして、三歳の時すでに「なれなれしさはぶしつけなこととして、心の中で圧し殺されてしまった」。

品行方正で教養に富んだ彼女は、自国日本にいた時は、誰もが羨望の眼差しで仰ぎ見たと想像できる。そんな彼女は、たとえ異国の地アメリカへ渡り異国の人々アメリカ人と対峙しても何の遜色も感じることなく、堂々と向き合うことができることを期待していたと推測する。

しかし彼女は、引用個所に見られるように「私を極度に神経過敏に、かつ自意識的にした」とある。アメリカで知り合いになった他の日本人娘たちもまた同様で、おどおどしていたと記している。それとは対照的に、中国の上流娘たちは一人残らず落ち着きと社交性とを所持し、まるで王者のごとき優雅さを持ち、世界の真の支配者であるかのごとき趣きがあった。

ルース・ベネディクト女史は、ミス・三島が受けてきた訓練は、日本流のしつけは、この国では無益であり、アメリカ人はそんなものはなくとも結構うまく生活していたと述べ、日本人の恥を基調とした道徳律は、アメリカでは通用しないものだと指摘している。

確かに道徳律の観点に焦点を合わせると、ルース・ベネディクト女史の指摘は、それなりの理《ことわり》（道理）を包含しているといえる。アメリカ人の行動形態は、洗練されたなれなれしさを根幹とするものであり、日本人の行動形態は、他人に笑われて恥をかくことのないように礼儀作法を順守することを根幹としている。恥をかくことを回避することは日本人の道徳律であり、アメリカには存在しない道徳律である。ミス・三島の苦悩は、この日本流の道徳律をアメリカの地で順守したが故に発生した苦悩といえる。

しかし、私は別の観点から、ミス・三島のアメリカでの苦悩を説明してみたい。ミス・三島のアメリカでの苦悩は、自己は客体である、とするその本質においての苦悩であるということができるのである。常に他人を意識下に置きながら、他人の思想を推し測ることを余儀なくしている、客体としての苦悩であるということができるのである。アメリカ人という他人の行動形態を理解した時、洗練されたなれなれしさを基調としていることに気づく。そして、自己が幼少の頃から身につけてきた日本流のしつけとの間に、大きな相違が存在することを認識する。自主と独立においても行動形態を培うことのないミス・三島は、客体的本質を基調とした中で、自己のありのままの姿を主張しようとはしなかった。自己の存在価値は他人の評価において成されるものであるという思想を持つが故に、アメリカ人の評価を気にし過ぎ、自己のありのままの姿、日本流のしつけ、日本流の礼儀作法を堂々と主張することはしなかった。彼女は、これが日本流のすばらしい礼儀作法であることを主張しなかった。これが私が三歳の頃から習得してきた、日本流のすばらしい礼儀作法であることを自認し、主張しなかった。彼女は、日本流の、自己流の人間性を、その存在性を主張しなかったのである。

アメリカ的要因、自由、気さく、なれなれしさ、そして差別を減じた発展的文化の中で、自国で尊重されていた、慎ましやかでしとやかな礼儀作法は無益で何の意義も持たないと認識し、彼女は戸惑いと困惑の下、根深い怒りの感情を持つ。また、他人に第一義的価値を付与する日本人的習性のまま、アメリカ人を第一義的価値を有する存在だと認識し、その行動形態を高く評価した。同時に自己の存在に対する劣等性を痛感した。そして自己が所持していた誇りさえも無残に傷つけられてしまったのである。

客体として存在するミス・三島は、アメリカ人を「かたがき化」する。日本人独特の手法によって、アメリカ人を「かたがき化」する。彼女の周囲の人々、先生や学友たちを含め、「かたがき化」する。そしてその「かたがき」において接触する。相手を一人の人間として見るのではなく、アメリカ人として見、相手の顔を見ることを、目を合わせることを失していたと想像する。その結果、人間的共通項を見出すことはできなかった。共通項どころか、百八十度違う、まったく異質の人間としか認識することができなかった。ミス・三島はまぎれもなく日本人であり、客体としての苦悩を抱く存在に他ならなかったのである。

もし、日本人が客体ではなく主体だとしたら、ミス・三島がいかなる条件の持ち主だとしても、礼儀作法の練達者であろうがなかろうが、日本人的道徳律を本望としていようがいなかろうが、アメリカ人の前でおどおどしたりすることはないのである。アメリカ人という他人と自己を比較し、その相違に頭を悩ますことはないのである。自己の自我の欲するままに、他人と接触することは可能である。そして、自己の心に宿す強い信念の下、そうやすやすと自己を劣等的存在だと認識することはないのであり、他人が悪くいおうが、自己の信念に基づいて悪くないと思えば悪くないのであり、他人の言動を正当化して自己を卑下することはないのである。また自国を閉鎖的で遅れた国と認識し、『わが狭き島国』と称することはないのである。

主体として存在する人々は、総じて自己の存在に対し誇りを所持している。自主と独立において存在する人間の尊厳に由来する、気高い誇りを所持している。その誇りは、ミス・三島が所持していた軟弱な信念の上に構築され、他人の思想によって無残に傷つけられるものではなく、確固たる信念の上に築かれた誇りであり、そう簡単に揺らぐこともなく傷つけられることもない。また主体的人々は、両親や家族に対しても誇りを持ち、同時に自己が生まれ育った自国に対しても誇りを持っている。その誇りにおいて、どこへ行こうが、どこへ居を構えようが、堂々と自己の存在を主張することが可能となるのである。たとえ言葉が違っても、たとえ行動形態が違っても、自主と独立を尊重する人間的誇りにおいて、堂々と自己の存在を主張することができるのである。

「主体」として生きるということ

ミス・三島が接した上流の中国人たちは、少しも物おじすることなく、優雅に堂々とアメリカの地でアメリカ人たちと渡り合っている。なぜなら、中国人たちは客体的存在ではなく主体的存在だからである。日本人は、他人の評価によってその存在価値が決められる受動的立場の存在であるが、中国人たちは、自己の存在価値は自己自らによって決めるのである。それが主体的人々である。従って、ミス・三島が紹介した上流の娘たちばかりでなく、たとえ一介の中国人農夫が、無教養な農夫がアメリカの地へ渡ったとしても、その農夫は物おじすることなく、地に足をつけて堂々と歩き、アメリカ人の中に融合することができるのである。その農夫は知識の不足によって多少の混乱に遭遇するとしても、それは鹿児島県人が東京へ行った時位の混乱であり、一、二週間もすれば簡単に克服可能なのである。

ミス・三島がアメリカの地へ渡り、大学で学んだあの昭和初期の時代、他国に対する情報や知識は、今よりはるかに少なかったといえる。環境の相違に対する戸惑い、そしておどおどした態度はやむを得なかったと認識する。しかし、それでもやはり、ミス・三島は純粋な日本人であり、純粋な客体であったといわざるを得ないのである。

近年私たちの国日本は、海外から様々な人々を受け入れている。研修生、労働者、留学生……といろいろな条件の人々がこの国へ来て滞在している。その中には経済的困難を抱えたり、技術的に遅れた国々から来ている人も少なくない。彼らは、ミス・三島が先進的要因に魅せられてアメリカへ渡り、学習した時と同じようにこの国の進歩的事柄に魅せられてやって来た。そして学習することに意欲を燃やしている。しかし、彼らにとって、人間的環境は決して魅力に富んでいるとはいえない。私たちは彼らを「かたがき化」する。「外国人」と「かたがき化」し、経済的困難を抱えた国から来た人と「かたがき化」し、技術的に立ち遅れた国から来た人と「かたがき化」する。私たちは彼らを人間対人間として対応することはできない。彼らはいつでも、どこでも「かたがき上」の人々でしかない。しかし彼らは、少しも怯むこともおどおどすることもない。日本人の偏見の中にあっても堂々としている。彼らは、自国で培ってきた慣習や条件を日本の慣習や条件と比較し、自国のものを劣等的であり恥ずべきものである、と考慮することはない。いかなる慣習や条件を持ち合わせていようと、彼らはむしろ肯定的にとらえ、自負と誇りによって自らを勝利者へ導く糧としている。

彼らは自国にいた時と同じように、その生活様式を、その行動形態を保ちながら、私たちのこの国を歩き暮らしている。何事も日本人に合わせ、日本人的スタイルを身につけ、窮屈に生活基準を引き上げようとするものではない。日本人と同一基準の中に、自己の真価を見出そうとするものではない。彼らは客体ではない、彼らは主体であるというその理《ことわり》において。

**ルース・ベネディクト：一八八七～一九四八。ヴァッサー・カレッジ、コロンビア大学卒。同大講師および助教授、客員教授を歴任。専攻は文化人類学。／長谷川松治：一九一一～九八。東北大学法文学部卒。東北大学名誉教授。専攻は言語学。訳書にA・トインビー『歴史の研究』などがある。

第七章
主体的人々

「主体」があって行動する彼ら

　補足的にではあるが、私はここに、私たち日本人とは正反対の思考行程を、行動形態を有する人々、すなわち、私たち日本人とは対照的にものを考え、行動する人々について記述してみたい。私たち日本人とアメリカ人とは、ものの考え方が百八十度違い、まるであべこべであり、日本人が「はい」ということはアメリカ人にとって「いいえ」ということに等しく、日本人が「いいえ」ということはアメリカ人にとって「はい」ということに等しいという説は、私たちの国で、またアメリカで伝えられてきた。地理的要因が関連しているのか。二つの国の間には太平洋が横たわり、国と国とが遠く離れていて互いは密接な交流ができなかったから、それほど対照的な事象が発生するのかというと、そうではない。アメリカと中国は、日本と同様、海をはるかに隔て、互いは遠く離れているにもかかわらず、両国の人々は理解するのにそれほどの困難を伴うものではない。アメリカ人とイギリス人やフランス人をはじめとするヨーロッパ諸国の人々、ロシア人と東南アジア諸国の人々、ブラジル人と韓国人や北朝鮮人、オセアニアの人々と中東諸国の人々、アフリカ諸国の人々と中南米諸国の人々は、地理的に距離を遠く隔てていても、互いを理解するのにそれほどの困難を伴うものではない。

しかしながら、日本人とは、アメリカ人同様どの国の人々も互いを理解するのに多大な困難を強いられるのである。経済活動、政治活動、社会様式を理解するのに、互いは理不尽さを抱かないわけにはいかない。日本人以外の人々は、文化的相違、地理的要因、社会構造の相違を認識していても、それほどの困難を感じることなく互いを理解することが可能なのである。彼らは、国、文化、社会様式、思想、宗教等において多くの相違を痛感していても、互いは理不尽さを持つことなく、また困難を伴うことなく理解することが可能なのである。

彼らは対面時、何の違和を持つことなく、関東の人が関西の人と対面した時のように会話を交わし、互いを理解することができるのである。その理由は、人間的本質を根幹とするその資質において、多くの類似的要因を、多くの共通項を持ち合わせているからである。端的に述べると、彼らは、いずれも主体として存在する人々だからである。この絶対的理由において、互いを理解するのにそれほどの困難を伴うことはないのである。

私たち日本人は、誰もが客体として存在し、言語を発展させ、文化を形成してきた。そして他国の人々は、誰もが主体として存在し、言語を発展させ、文化を形成してきた。日本以外の国の人々は、日本型の方程式を持ち合わせていない、彼らは彼らなりの方程式を持ち合わせているのである。歴史を通して頻繁に交流を深めた隣国の韓国人と私たちは、似て非なるものであり、同様に、中国人とも思考行程や行動形態は、決して類似的であるとはいいがたい。

現在二百を超える国々がこの地上に存在するが、日本以外のいずれの国の人々も、自己は主体として存在する、と私は認識している。私は少なからずページを費やし、日本人と相対する人々の存在、自己は主体として存在する人々について記述してみたいと思う。

二十一世紀を生きるものは

私は三十代の頃渡英した経験がある。渡英目的は、語学習得であった。英語を話せるようになることが、私の渡英目的であった。

私は鹿児島県の奄美群島に位置する、周囲わずか六十キロメートルの小さな島、沖永良部島に一九四九年十月に生を得た。私が中学校に入学し初めて英語に接した時、私の父は、私に向かって「君は間違いなく二十一世紀を生きる。二十一世紀を生きるものは、英語ぐらい話せなければならない」といった。私の父は、大正三年生まれで尋常小学校しか出ていない、無学で名のない、とても知識が豊富であるとはいえないいち農夫であった。その父がなぜ、二十一世紀という世紀に価値を見出し、同時に英語を話すことに価値を見出したのか、私は未だかつて、その真意を理解するのに的を射た答えを見つけることはできていない。

私は中学校、高等学校を通して英語を学んできたが、成績ははなはだおそまつなもので、父の言葉とは裏腹なものであった。私は三十代半ばの時、逼迫した精神状態に追い込まれて、環境を変える必要に迫られた。その時、すでに亡き父の言葉が脳裏に蘇ってきた。潜在化していた父の言葉に後押しされるように、私は渡英を実行した。一九八六年九月のことであり、二十一世紀まで十年余の年月が残っていた。

イギリスでのホームステイ

私は、実質三年九カ月の短期の期間ではあったが、イギリスの地で滞在し生活した経験を持っている。私が最初に滞在した町は、イギリス南部のドーバー海峡に面したホーブというところにあった。ホームステイの形で、現地のイギリス人家庭の世話になりながら隣町ブライトンにある語学学校へ通った。九月下旬、私が初めてホーブの町へ到着した日は、海風の強い曇天の日で、たくさんのかもめが羽を広げて上空を飛遊していた。

私がホームステイした家庭は、私が通う語学学校と提携していて、ホームステイ希望者を何人か受け入れていた。韓国、スイス、イタリアの国々から一人ずつ来て、すでに滞在していた。一人ずつ天井の高いこじんまりした部屋が与えられて、私の部屋もベッドや洗面台やクローゼットが据えつけられ、居心地の良い申し分のない日々を過ごすことができた。海に面したこの町は、名所旧跡といった旅人を魅了する特筆すべき観光資源に恵まれていなかった。ただ、夏場は海水浴を楽しむ人々や、シーズンを通して海辺の散策をする家族連れが少なからず見られた。隣町のブライトンには、唯一観光スポットとして賑わうパレスピアという名称の構築物が存在した。海に迫り出すように何本もの鉄骨の支柱を打ち込んで、幅二十メートルほどの渡り廊下風情の道を作り、四百メートルほど先の先端にいくつもの遊技場やレストランを設け、人々に娯楽と憩いを提供していた。夜になると通路や施設やレストランに明かりが灯り、その明かりが海面に反射して美しく、私は何度もこの場所を訪れた。

私が滞在し世話になった家族は、親しみやすく多くの楽しみを与えてくれた家族として、今でも私の脳裏に浮かび上がってくる。その家族は、四十歳を少し過ぎたばかりの夫婦と五人の子供たちによって構成されていた。夫の名前はデニス、夫人の名前はマリリン、そして三歳の女の子ブライニー、五歳の男の子ゲイランド、九歳の男の子オリバー、十五歳の女の子ケイト、十八歳の男の子ガーイであった。夫婦は二人とも離婚歴を持ち、現夫は十八歳の男の子を連れて現夫人と結婚し、現夫人は十五歳の女の子を連れて現夫と結婚していた。あとの三人の子供たちは二人の間に生まれた子供たちだった。

私はこの家庭を通し、この家族を通し、イギリスの家庭の概要を学び、家族の本質を学び、そして子供たちの日常を学ぶことができたのである。

私は、このデニス一家を通し、イギリス文化に接触することができた。そして、語学学校の目と鼻の先にある図書館で得た知己ともいえる英国人や、語学習得を早めようとプライベートレッスンを依頼した教師を通し、またホーブの町を離れてロンドンへ移り、学校や居住区で知り合った人々を通し、主体として存在する人々を学ぶことができた。そして私たち日本人とは百八十度違う思考行程を、行動形態を持つ人々の本質に抵触することができたのである。

デニスたちの生き方

私は、過去において接触してきた数多くの異国の人々、異文化の人々をよりどころに、また私がホームステイした五人の子供を持つデニス一家をよりどころに、日本人と日本以外の国の人々を比較対照し、疑問点や矛盾や納得できない事象が引き起こす大きな相違を分析し、持論を組み立てることが可能となった。そして、日本人以外の人々は全て主体的思想を持ち、主体的行動をする人々であることを認識するにいたった。

私は帰国してからも機会あるごとに、ホーブのデニス一家を訪れた。日を重ねるごとに成長し、肉体的にも精神的にも変化を見せる子供たちと接することができた。同時に家族形態や生活様式にも接することができた。この家族は、煙突のあるがっしりした構造の典型的なイギリス風の家に住み、取り立てて特筆すべきことのない一般的家庭を築き、ごく普通の生活環境を所持していた。

この一家も、「家」の概念をないがしろにする人々ではなかった。どの国の人々とも同様、「家」は家族のよりどころであり、家族形態を育み、生活様式を育み、そして生計を立て、家族の一人一人のより良き日々を願いながら、日常を営む場所であった。

家そのものの構造の中に、力の象徴である床の間、上座、下座といった場は存在しなかった。家は家族が集う住居としての重要な役割を果たすための要因を満たす、物質的所産として認識することができた。彼らは「家」の永続性を追求し、同時に家名の健全性を何より重要視する論理を、心底に留め置く人々ではなかった。「家」との因果関係において、重要事項としてことさら注意を注がなければならない事柄を持ち合わせていなかった。従って、「家」にまつわる条件が織り成す、家庭内での地位や立ち場の必要性を認識することはなかった。

性別、年齢、世代によって家庭内で地位や立場を構成する要因は存在しなかった。父親と母親の間に、子供たちと父親あるいは母親の間に、兄弟同士の間に、差別をもたらす因子は何ら存在しなかった。私たちの国では、子供が誕生したその瞬間、その子供に何らかの条件的地位が授けられ、家庭の中で、家族の間で階層制度は育まれていくが、彼らの社会では、そのようなことはないのである。

しかしながら、彼らの社会にも地位は存在する。いくつかの要因が社会的地位を育む。戦いに明け暮れた戦国の時代においては、戦いに勝利して富と権力を得たものが、産業の時代においては、事業の成功によって業績を伸ばし富を得たものが、政治の時代においては、卓越した政治的手腕によって人民の心を掌握したものが、学問の時代においては、新しい思想や主義を広めたものが、科学の時代においては、努力と探究心によって科学的新分野を開拓したものが……地位を勝ち得る。その時々の時代的背景が持つ様々な要因によって、地位は発生する。かつて、ヨーロッパ諸国やロシアは王侯貴族の社会であった。貴族社会には、公爵、侯爵、伯爵、子爵、男爵と、五段階の地位を証明する爵位が存在する。ドストエフスキー、トルストイ、チェーホフ、メリメ、デュマ、マン、セルバンテス……といった誰もが知る偉大な文豪たちは、貴族社会を背景にいくつもの小説を書き今に残している。

先祖が勝ち得た地位は、子子孫孫に継承され、今の世でも貴族的生活を営んでいる人々は存在する。地位は栄枯盛衰の論理の中で、栄華を極めることもあるが衰退することもある。近年では、市民主権の民主主義の台頭や権力を維持する因子の減少によって、かつてのように多くの華やかな貴族社会を見ることは少なくなったといえるが、しかし消滅したわけではないのである。

彼らの社会の地位は、その時々の条件下で、「家」の外の世界で、力によって成功を収めたものが勝ち得た地位であり、「家」の内部の要因によって構築されたものではない。家族間に地位が存在し、偏見や差別の中で家族形態が秩序立てられていることはない。従って、彼らが日々に接触する一般市民同士は、老若男女を問わずほとんど階層制度の条件に関与するものではなく、ある種の平等の体制が定着しているのである。

人間として、対等に分け隔てなく

家庭内に地位や立場が存在しない環境においては、家族の成員の交流は自由であり、男、女、大人、子供といった年齢や性別の相違による偏見や差別は存在せず、互いは一人の人間対一人の人間として対等であった。彼らは、男言葉、女言葉、子供言葉、大人言葉を持たなかった。男も女も子供も大人も同一の言葉を使用した。もちろん彼らの社会にも敬語を必要とする条件は存在する。しかし家庭の中で、家族の間で、敬語を必要とする対象者は一人も存在しない。世代的要因によって、孫が祖父母に対して敬語を使用しなければならない、という流儀は存在していない。家族と生活をともにするものは、同居人でさえ仰々しい敬語を使用することは訝《いぶか》られた。この家の住人たちは誰もが、気さくでくつろぎを与える存在として認識されていた。

彼らは、子供の世界、大人の世界、男の世界、女の世界と分け隔てることをしない。従って、子供のくせに、女のくせに、男のくせにという言葉は存在しない。また、子供はあっちへ行っていなさい、女はそんなことをするもんじゃありません、君は余計なことはいわなくてもいい、でしゃばりなさんな……等の言葉は誰の口からも発せられることはなく、それらの言葉は存在すらしなかった。

デニスは頻繁に台所で料理をした。人参やじゃが芋の皮をむき野菜をきざんだ。彼はマリリンの手伝いとして料理をしていたわけではない。彼は、これは自分がやるべき仕事である、と認識してやっていたのである。マリリンはよく家の裏庭を耕し、時には大工道具を手に屋根裏の隙間を埋める作業をこなし、力仕事を厭うことなく精力的にやっていた。これらは何ら驚くべき行為ではなく、ごく一般的なこととして受け取られていた。女が外で働き収入を得、男が家庭で家事全般を受け持つことは、この国ではめずらしいことではなかった。男の世界、女の世界が存在しない社会では、当たり前のこととして認識されていた。
私たちの国では一九七二年四月、男女雇用機会均等法が施行された。この法律は、社会のいたるところで、男女の格差や偏見がいっこうに是正されることがない国においてのみ必要で、この国では不要であり存在しなかった。

ひとりの人間として

デニス一家に生きる子供たちは、長男でも次男でも長女でも次女でもなく、一人の人間として存在していた。子供たちは、この世に生を得たその瞬間、一人の人間の誕生として理解されていた。そして、子供たちは誰一人として、「かたがき化」されなかった。命名された公的氏名は絶対的な意義を持ち、誰もが、その氏名において、その人間性及び人間的価値を承認した。その氏名において、この世で唯一無二の存在であることを承認した。その氏名において、この「家」の付属物でもなく、家族の所有物でもなく、一人の独立した人間であることを承認した。そして自主と独立において存在することを承認した。

しかしながら、彼らの社会にも「かたがき化」する要因は多く存在する。大半の場合、職業的領域の中に見られる。職業的に必要とされる名刺上に印刷された会社名や役職名は、その名刺上の人物を概略的に語る。私たちの国と同様、その人物はこれらの「かたがき」を持つものとして受け取られる。政治の世界では、相手を分類する状況が発生した時、レッテルを張って「かたがき化」し、立法に賛成派か反対派かを見極める手掛かりとする。また、古今東西変わらぬ事例として、有名なスポーツ選手や映画俳優や時の人として活躍する人々を「かたがき化」して心に留め置く。

「かたがき化」することは、どの国でも起こりうる事柄だとしても、私たち日本人の世界と彼らの世界では、大きな相違を認識することができるのである。先述したように、私たちの国では人物に対し総じて「かたがき化」し、その「かたがき」においてその人物を承認する。氏名上のいち人物より「かたがき上」のいち人物を、（「かたがき」が表現するいち人物を）私たちは承認する。私たちの国では、「かたがき上」のいち人物を第一義的に重視し、氏名上のいち人物は第二義的にしか認識しないのである。

デビット・ベッカム、元サッカー選手及びモデルとして活躍した、誰一人として知らないものはいないといっても過言ではないほど有名なイギリス人である。二〇〇〇年十一月から二〇〇六年ＦＩＦＡワールドカップまで五十八試合に渡り、イングランド代表のキャプテンを務めていた。ＦＩＦＡ最優秀選手賞で二位に二度選出されたミッドフィルダーである。私たち日本人は、彼がどういう人間性を持った人物であるかを考慮するより、類まれな才能を持ったサッカー選手及びモデルであったという「かたがき化」された内容において彼を理解する。彼は、イギリスを代表する有名なサッカー選手であった、そして今なおモデルとして活躍している人物である、と私たち日本人は考慮する。そして一人の人間として、その氏名が明示する一人の人間として尊敬するより、「かたがき上」の人物を尊敬する。それに対し、彼らの世界では、氏名上の人物デビット・ベッカムを第一義的に考慮し、類まれな才能を持つ元サッカー選手及びモデルで現在もモデルとして活躍しているという「かたがき化」した事象は第二義的にしか考慮しない。従って彼は、デビット・ベッカムであり、イギリスを代表するサッカー選手及びモデルであった、という図式において存在するのである。

彼らの世界では、たとえどんな有名な人物であっても、いち人間として対応するのである。イギリスを代表するスポーツ、クリケットにおいて、監督、コーチ、選手、アンパイア、グラウンド整備員、球場職員、清掃員……は人間的価値において対等であり、日本人のように彼らを「かたがき化」した内容でとらえ、階級的格差を認識することはないのである。すなわち、監督より選手が下で、選手よりアンパイアが下で、選手より球場職員が下で、球場職員より清掃員が下で、という図式は彼らの世界には存在しないのである。

極端な例を述べると、イギリスではクイーン・エリザベスでさえ一人の人間として処遇されている。日本の天皇は、その「かたがき」によって永遠に神聖で侵すべからざる領域に住む人であり、「雲の上に住む」人（ルース・ベネディクト『菊と刀〜日本文化の型』第三章「各々其ノ所ヲ得」七八頁、講談社学術文庫）であるが、イギリスでは、クイーン・エリザベスは一人の人間として人々の間に受け入れられている。確かに人々は、偉大なクイーンの称号に、権威に、威厳に心から敬意を表しはするが、かといって彼女を雲の上の人としては認識していない。彼女もまた、一人の人間として、人々と共通の人間的資質において、その行動形態を成している。人間的資質において人の悪口もいえば、怒りもする。好き嫌いも表現するし、いいたいことも遠慮することなく口にする。普通一般人でも彼女に歩み寄ることができるし、機会さえあれば話し掛けることも可能である。彼女もまたそれに応じて話し掛けてくる。私たちの国では、天皇は、天皇という「かたがき」に守られ、永遠に雲の上の住人であり、神聖侵すべからざる領域に住む住人であり、決して民衆に手を差し伸べることはない、一人の人間としては。主体として存在する人々は、たとえ「かたがき化」しても、生身の人間対人間において、いち人間対いち人間において対応するが、客体として存在する人々は、「かたがき化」した内容をことの他重要視して対応するのである。

＊ここに記述しているのは、ベネディクトの『菊と刀』の旧憲法（大日本帝国憲法＝明治憲法）下での論述を引いてのことであり、現在の『日本国憲法』下の「天皇は、日本国の象徴であり日本国民総合の象徴であって、この地位は、主権の存する日本国民の総意に基く」ものである。現陛下は即位にあたって、「国と国民のために尽くすことが天皇の務めである」と記者会見で述べられている。

幼児教育は厳しい

幼児を養育する条件下で、彼らの国と私たちの国との間には大きな相違が存在する。私たちの国では、子供は、他人を意識下に置くようになるまで自由奔放であり、我がままのし放題であり、ねだれば欲しいものは何でも手に入れることが可能である。どの家庭でも大差なく甘やかされて育てられている。祖父母のいる家庭ではことさら甘やかされ、やんちゃをしたり人を叩いたりする。

しかし彼らは、すでにその子供の将来を考慮した養育方法を、普遍的に定着させているのである。子供が成長して社会に出た時、彼が対峙する社会はそんなに甘いものではなく、厳しいものであるという理念に基づいて養育する。乳幼児であっても、母親は添い寝をすることはなく、自分専用のベッドが用意される。夫婦は決まって一つのベッドで就寝するが、子供は除け者である。泣けばすぐ母親が飛んで行って授乳するわけではなく、時間を決め、その時間がくるまでは空腹を耐え忍ばなければならない。早い時期に別の部屋に移され、一人きりで就寝するのが慣習である。たとえむずがって泣き声を上げても、異常でない限り母親も誰もあやしに来たりはしない。子供は自分の意思で、欲しいと要求しなければ食べることはできない。母親が何か食べ、おいしそうに口をもぐもぐさせていても、子供に分け与えることはしない。

そのような環境の中で育てられた子供は、知らずの内に強さを持ち、独り身であることを知り、自我を主張して要求することを習得する。そう簡単には誰も助けに来てくれるものではないことを認識し、また、空腹と戦うことを、難題と戦うことを習得するのである。

子供たちは自由に会話をし、行動し、大人と対等に扱われている。しかし、我がままで好き勝手にやんちゃをすることが許されているわけではない。世界のどの国にも存在するように、この国の家庭の中にも子供に対する規律や制約が存在する。食に関して好き嫌いを許さなかったり、寝る時間を制定したり、帰宅時間に注文をつけたり、夫婦で娯楽のために外出した時には、子供たちだけで、あるいはベビーシッターと一緒に退屈な寂しい時間を過ごさなければならないことを要求したり、道徳的に戒めたり、行動を律したりする。

会話を尊重する

遠慮する必要もなければ、他人に話を合わせる必要もない社会では、自分の意見を思いのままに、自我の要求が命ずるままに主張することが可能である。そのことは子供たちにとっても同じ条件である。子供たちは窮屈に身構える要因を持たず、自由に会話を進展させることが可能となる。

子どもたちの会話の対象者は、子供同士あるいは家族といった限定的なものではなく、誰もが対象者である。子供もいれば大人もいれば老人もいれば、男もいれば女もいる。従って子供たちの会話の領域は広範であり、分け隔てすることなく営む。そのことは、会話の量や知識の量が豊富になることを意味すると同時に、話すこと、説明すること、話の内容を理解させるための技量を身につけることを意味し、また、理論的に会話を組み立てる話術を身につけることを意味する。そして、会話の対象者である他人の会話を理解する能力を身につけることを意味するのである。

彼らは総じて、会話を尊重する。自己を相手に理解させるために会話を基調としている。同時に相手を理解するために会話を基調としている。互いは会話を通し、意思を表現することによって理解できると信じている。彼らは自己をさらけ出すことを惜しまない。心の内に蔵する一切合切を会話の中に取り入れたいと願う。何を心の中に留め置くべきか、何を話すべきかを選り分け、心の中に仕舞ったり話題に載せたりはしない。家族のこと、友人のこと、恋人のこと、そして様々な出来事を会話の題材として惜しげもなく提供する。彼らは腹蔵のない形で会話を営むことによって、互いは強い信頼を育むことができると信じている。会話の成立しない夫婦は破綻を意味し、会話の成立しない家族は破綻を意味する。

私たちの国には、以心伝心、暗黙の了解、黙して語らず、空気を読む、という事象が存在し、それらはある種の優れた能力として認識されている。会話をしなくても、相手の心の中を察して意図を理解するということである。私たちは、言葉の遣り取りによって互いを理解する会話の本質的重要性を認識することなく、できることなら会話を持たずにその場の状況を乗り切りたいという信条を持つ人々なのである。そもそも日本人の会話は、対象者は「かたがき上」の人物であるため、会話内容は表面的に終始し、互いの内面に言及した会話というより、重みのない在り来《あきた》りの内容が比重を占め、会話の本質的な重要性が損なわれているといえるのである。日本人は会話を尊重する人々ではない。そのことは、弁証法的条件は育まれないといえる。

日本人は会話力がない、という言葉をよく耳にする。会話力は、会話を頻繁に行わなければ、誰とでも、男、女、老人、子供に関係なく、思いにまかせて行わなければ培われるものではないし、身につくものではない。私たちは他人に対し遠慮と慎みによって身構え、自由で気さくな中で会話を持つことはできない。私たちの土壌は、会話を自由に行うことができる土壌ではない。

子供の頃から会話力を培う土壌にはない。私たちの会話は、いつでもぎこちなさと屈託の中で行われるものであり、当然ながら会話力も知識の量も貧弱になってしまうといえる。

興味深い例を挙げると、欧米の映画やテレビドラマでは、夫婦間で毎日のように「アイラブユー」という言葉を口にする場面が登場する。日本人の視点からすると、何も毎日いうことではないのではないか、なぜなら、毎日口に出さなくても分かっていることだから。しかし彼らの世界では、口から出てくる言葉こそが意思の表現であり、その言葉なくして洞察力や演繹法によって推理し、相手の意思を理解したとしても、それは真の意味で相手を理解したことにはならないという理論が存在する。また別の見方をすれば、洞察力や演繹法を駆使して相手の心中を察するということは、相手の心の内にずかずかと入り込むことに他ならないことであり、相手の人間性に対し、または相手の人権に対して侮辱的であるとも受け取られかねない。彼らは、会話の対象者を価値ある一人の人間として承認するが故に、侮辱的行為は慎むのである。従って、たとえ小さな子供が、どのように表現していいか分からずいい淀み、口をパクパクさせていても、隣に立つ親は、子供の意図を察して代弁するようなことは決してしないのである。

彼らの世界では、会話は縦横に無制限に広がりを見せる。友人同士だけの、職場内だけの、区域内だけの、顔見知りの人々だけのといった限定的範囲を持たず、人と人とが遭遇すればそこには会話が発生する。ところ選ばず人を選ばず、気兼ねのない会話が成立する。彼らの情報交換の領域は広範である。

彼らは転勤を厭うものではないし、恐れるものではない。日本人ほど転勤（人事異動などで）を嫌がる国民は他にいない。住み慣れた生活環境や慣れ親しんだ職場を離れ、別の場所へ異動する。異動先でまた一から人間関係を構築しなければならない。職場での人間関係や居住区での人間関係を構築するために、日本人は多くの時間と労力を必要とする。会話を不得意とする私たちは、新しく接する人々との間にわだかまる溝を埋めるのに一苦労するのである。しかし彼らは、人と人とが人間関係を構築するのに厭うべき条件を持ち合わせていないと認識する。人と人とは気さくな中で、いつでもどこでも会話を通して理解することが可能であると認識する。住む場所を変更することも、働き慣れた職場を離れることも、親友たちと別離することもさほど苦にならない。自分の能力を生かせて、その上、待遇面で納得することができるなら、アメリカ人がイタリアへ、カナダ人がブラジルへ、オーストラリア人がスペインへ、インド人が日本へ、中国人がノルウェイへ、フランス人が台湾へ、ロシア人が南アフリカ共和国へ……と働く場所を変えることは、東京の人が名古屋へ転勤することと同じぐらい雑作無いことである。

仲間意識は存在しない

彼らは会話を尊重する。そして会話を通して他人に自在に働きかける。従って彼らの社会には、日本社会で重要視されている、仲間意識、は存在しない。自主的に誰とでも会話を持つことが可能な人々にとって、仲間という限定的な領域を持つ必要がないからである。彼らは真の友情によって友達関係は構築する。またチームワーク的連帯性は構築する。一つの重要なプロジェクトを立ち上げた時、そのプロジェクトに参加する何人かの人々は、自己の持ちうる能力や知識を最大限に活用しながら、目標に向かって意思を統一し、協調性を基調としたチームワーク的連帯性は構築する。しかし日本人に見られるような、仲間意識は構築しないのである。チームワーク的連帯性でつながった人々と、仲間意識でつながった人々とは性質を異にするものであり、同一視することは不可能であるといわなければならない。

あの人たちとわたし──仲間意識によって

横道にそれるようであるが、私はここで、日本社会で重要視されている仲間意識について少し掘り下げて言及してみたい。

日本人社会に存在する仲間意識は、日本人的感性によって生み出された独特のものであり、日本社会以外の社会で見出すことは不可能である。私たち日本人は、だれそれと知り合いであり、仲間であるという意識を持つことに多大な関心を寄せる人々である。

司馬遼太郎氏は、その著書の中で、「日本人はつねに緊張している」（『この国のかたち』一「15若衆と械闘」一三〇〜一三二頁、文藝春秋、一九九〇年）と述べている。その理由は、日本人は誰もが、優位的存在である他人に対し、常に神経過敏に反応するからに他ならない、と私は認識する。私たち日本人は、他人に対し窮屈に身構え、畏怖の念を抱き、そして緊張するのである。客体的日本人にとって、他人は畏怖の念と緊張を抱かせる対象者となるのである。

そのような条件の下で生きる人々は、あなた、という他人と、わたし、は知り合いである、と認識することは非常に価値あることだと理解する。あなたとわたしは、あの人とわたしは、すでに面識があって会話を交わしたことがあり、互いは知り合いである、と認識することは格別のことだと理解する。あの人たちとわたしは、以前出会ったことがあって打ち解けて会話をしたことがあり、すでに折り合いがついている、と認識することは特別のことだと理解するのである。日本人社会における仲間とは、互いはすでに知り合いであり折り合いがついている、という思想によって紡ぎ出された、大なり小なりのある種の親近感を基軸としてつながった人々のことである。つまり、大なり小なりのある種の親近感によって結ばれた人々のことである。私たちは、その仲間を意識下して心の中に留め置き、重要視するのである。真の友情によって結ばれた人々ではない。大半において密度の濃い本物の友情関係に支えられた人々ではないといえる。

それでもやはり、非自主的で消極的な人々にとって、仲間意識はことのほか重要なものである。あなたとわたしは、あの人とわたしは、あの人たちとわたしは、すでに面識があって折り合いがついているという条件の下で大なり小なりのある種の親近感を抱きながら、安心してつながる。そして、互いは他人行儀な接し方をしなくてもいい、気さくな中で接することができると認識する。よそよそしさやぎこちなさを取り払い、窮屈に身構える必要もなく、伸びやかな屈託のない接し方ができると理解する。

仲間意識の内側で

他人との相互関係において常に緊張し畏怖の念を抱く人々は、その緊張感を減じ、畏怖の念を少なからず排斥した気楽さの中で接することが可能な条件の下で、ある種の親近感を抱きながら、互いは仲間としてつながるのである。私たちはこの仲間意識の内側で、すなわち仲間と認識するもの同士で、饒舌であり快活であり、気さくであり親切であり、思い遣りに長けて優しく、そして懇親を深めて連なって歩くのである。日本人の社会では、互いは仲間であるという条件の下で接触しない限り、たとえ同じ職場で勤務して同じ部の同じ課に属し、机を並べるもの同士として長年顔見知りであっても他人行儀でありよそよそしく、互いは緊張感と畏怖の念を抱きながら交流する。打ち解けられない気負いの中で接するのである。ただし、日本人社会ではこの仲間意識の内側においてさえ、地位や立場の尊重によって、それなりの精神的負荷を背負わなければならない。それでも他人と認識する人々と接する時よりははるかに、気苦労を減じた接し方が可能となるのである。

私たちは誰もが、この仲間意識を意義深いものだと理解する。逆説的に述べると、この仲間意識を重要視する人々の多くは、仲間に入ることが許されなかったり、または何らかの理由で仲間から除外された時、その当事者は孤独感にさいなまれ、落ち込んだり心を悩ましたりするのである。

ドナルド・キーン氏―稀有の日本文学のすぐれた研究者

一、二年ほど前に、NHKテレビはドナルド・キーン氏を紹介する番組*を放送した。御存知のように、氏は日本文学と日本文化研究の第一人者として広く知られた人物である。一時間の短編の中に、氏の経歴や、氏が日本人に、日本文学に、日本文化に魅了された経緯が少なからず紹介され、またアメリカ人である氏が日本国籍を取得して日本に帰化した理由が述べられていて、興味深く拝見することができた。氏は、日本文学は海外の文学と比較しても遜色はないと理解して、多くの日本文学を海外に紹介した。その御尽力に対し、私は尊敬の念を抱かずにはいられない。

＊（NHKスペシャル『私が愛する日本人へ～ドナルド・キーン 文豪との70年』二〇一五年一〇月一〇日放送）

その番組の中で、氏はいくつかの疑問を呈していた。

一、日本人はなぜ、桜の花を愛でるのか。

一、日本人はなぜ、あの戦時下で十一個の豆を皆に一個ずつ配り、ささやかな正月を祝うことができたのか。

一、日本人はなぜ、曖昧なのか。

一、日本人はなぜ、力が弱いのか。／一、日本人はなぜ、礼儀正しいのか。

氏はまだこれらの疑問を解明するにはいたっていないと私は推測した。私は僭越ながらにも、これらの疑問に答えることにする。

一、日本人はなぜ、桜の花を愛でるのか。

桜の花は全国的にどこにでも生息し、誰もが身近に感じる花です。寒い冬に別れを告げる暖かな春という季節とともに必ず花は咲き誇ります。その桜の花は、淡くほのかな薄桃色をし、どこかおぼろげで鮮やかな色調を持ちません。決して色彩豊かな個性的な色合いを持ちません。チューリップやダリアやバラの花のように極彩色ではありません。花は力強く咲き誇るというより、むしろ可憐に咲き誇ります。そして雨や風に打たれて散ります。天候に恵まれたとしても、せいぜい一週間から十日の内には散ってしまいます。花は脆くて散りやすいのです。日本人は個性的な人々ではありません。日本人の人間性は没個性的で、デリケートで傷つきやすく壊れやすいといえます。従って日本人にとって、桜の花は共感を抱く対象となるのです。淡くて脆くて散りやすい花に、私たちは共感を抱くのです。そして愛でるのです。

もう一つ別の理由が存在します。その理由こそが、日本人が桜の花を愛でる最も本質的な要因だといえます。桜の花の満開の下で、私たちは集って飲食する慣習を持っています。人々は集い、談笑し、ともに酒を飲み交わします。桜の花はこのように、人々が集う機会を設定してくれます。日本人にとって人々が集うということは、互いを認識し合うということであり、知り合いであるという条件を深めるものであり、新しい人々との出会いによって仲間意識を構築するものであり、すでに知り合いであるもの同士は、仲間意識を再認識することを意味するのです。桜の花を愛でるということは、自然が与えてくれたこの春の時期に、この機会に、桜の花を愛でるという名目で、非自主的な人々が集い、仲間意識を構築し、あるいは仲間意識を再認識することなのです。職場の同僚たちによって、友人や恋人同士によって、家族によって。私たちは決して単独で桜の花を愛でるということはしないのです。

一、日本人はなぜ、あの戦時下で十一個の豆を皆に一個ずつ配り、ささやかな正月を祝うことができたのか。

この疑問もまた、互いは仲間である、という思想によって生み出された行為だと理解できます。あの戦時下の極限の条件の中で、十一個の豆を一粒ずつ皆に渡すことによって、そこに存在する兵士たちは、仲間であるという意識をさらに向上させ、強い絆へと発展させる。そして死ぬ時は皆一緒という概念を抱きながら死んでいく。日本人なら誰もが渇望して止まない、互いは仲間であるということへの尊厳的意義があの行為の原点には存在するのです。一人一人に与えられた一個の豆粒は、肉体的空腹を満たすためには何の役にも立たない。しかし、死を前にした境遇をともにする兵士たちに、精神的安らぎを与えるためには十分過ぎる意義を持つ。非自主的な人々が心から恐れる孤独感を払拭して、互いは仲間であるという思想を再認識しながら精神を安らかにし、そしてささやかな正月を祝うのです。

一、日本人はなぜ、力が弱いのか。

日本人は、力の弱い人々です。他の国の人々のように強い力を、強い信念を持ちません。私たちは他人の評価に甘んじます。私たちは他人の評価に異議を唱え、くつがえすほどの強い力を持ちません。なぜなら、「家」の永続を追求する条件において、家名の健全性を追求する条件において、日本人は客体と化したからです。主体的存在から転化して客体的存在へと化したからです。その転化の瞬間に、自己に備わっていた、自然の摂理が授けてくれた力は、去勢されたのです。「家」にまつわる条件において、自己に備わっていた力は去勢されたのです。だから日本人は力が弱いのです。日本人は去勢された人々です。

一、日本人はなぜ、曖昧なのか。

力が弱いから、自己主張できないのです。力が弱いから、強い信念を持つことができない。自らの論を堂々と主張することができないのです。いつも、他人の顔色をうかがいながらしか言動の全てを形作ることはできない。だから曖昧なのです。

一、日本人はなぜ、礼儀正しいのか。

日本人の礼儀は、立場的態度の一環に他ならないといえます。表面を形作り作法として形式化した立場的態度の一環に他ならない。形式化することによって、私は忠実に立場的態度を取っている、ということを誰の目にも証明するのです。日本人の礼儀はある意味、礼儀正しいといえるものであるが、しかしその当事者は全ての人々に対して礼儀正しいわけではない。万人に対して同一水準の礼儀作法を実践するわけではない。自分より立場が上と認識するものに対しては礼儀正しい手法を用いるが、自分より立場が下と認識するものに対しては横柄で無思慮で無頓着な作法で対応する。日本人の礼儀のほとんどは、豊かな精神性や高い人間的資質を基調としているわけではない。他人との間に存在する、思惑上の駆け引きによって成り立つある種の儀式、と表現できるものなのです。

「日本人とは何者なのか」という問い

また、ドナルド・キーン氏はそのテレビ番組（NHK ETV特集『ドナルド・キーンの日本』後編二〇一五年一一月二一日放送）の中で、「日本人とは何者なのか」という疑問形の言葉を残している。日本人とは何者なのか。その疑問形の言葉は、日本人や日本文化に興味を抱き、研究の対象として追究する人々なら誰もが、国の内外を問わずして誰もが、魅了されて止まない言葉であると私は認識する。私自身にとって、その言葉はこの文章を書き始める原点になっている。私はその言葉を説き明かすべき命題として取り組み、十年余の年月を費やしてきた。私は日本人を文化的に分析した。そして、日本人は、客体である、という自論（自らの論。考え方）に到達することができた。これが私が解明した日本人の正体である。キーン氏が日本人とは何者なのか、という言葉に答えを見つけ出すことに成功していなかったなら、日本人は、客体であるという論理（捉え方、見方）によって証明されることを私は述べたいと思う。数多くの不条理を包含して理解不可能な人々だと目されてきた日本人は、この理論において理解可能な人々となる、と私は信じている。

日本語と英語の表現、それぞれの文化

言語の世界に視点を移し主体的人々の世界をひもといてみると、やはり、そこにも客体的日本人との間に大きな相違が存在することに気づくのである。

私たちが日常何の気なしに使用している言語は、文法を基礎に構成されている。世界中では、国や文化が異なり、種々の言語が使用されているが、どの国の言語も例外なく文法を主軸として秩序立てられ、組み立てられているのである。その文法をよりどころに、彼らの言語、英語を理解してみると、私たち日本人が使用する日本語との間に異なった要因が存在することを指摘することが可能となる。

英語も日本語も構文上、主語・動詞・目的語という基本形態を持っているが、その基本形態が、英語と日本語では違うのである。たとえば、日本語で「私は朝食を食べる」という言葉がある。それと同じ内容の言葉を英語では、I eat breakfast（アイ イート ブレクファースト）となる。日本語では、「私は」という主語の次に「朝食を」という目的語が来て、次に「食べる」という動詞が来ている。英語では、Iという主語の次にeatという動詞が来て、次にbreakfastという目的語が来ている。日本語では、主語・目的語・動詞の順に言語が構成されているが、英語では、主語・動詞・目的語の順に言語が構成されている。動詞と目的語の位置が日本語と英語では異なるのである。

動詞と目的語の位置の相違によって何を指摘することができるかを説明してみる。英語では、

主語の次に動詞を持ってきて、主語と動詞の関係を緊密化して重要視している。それに対し日本語では、主語の次に目的語を持ってきて、主語と動詞の間に間隔を生じさせている。英語も日本語も、動詞は行動形態を意味し、主語の意思によって成されるものである。英語では、主語の意思を先に決定し、そのあと「何を」という目的を表明している。すなわち、「私は食べる」と先に意思決定をし、そのあと「何を」と述べている。日本語では、「私は」という主語と意思の配下である動詞との間に「朝食を」という目的語を挿入し、主語の意思決定「食べる」ということはあとまわしになっている。英語では、「朝食を食べる」という行動を起こす時、主語は意思決定を先にし、日本語ではあとまわしになっている。

意思決定を優先させる英語と、意思決定をあとまわしにする日本語。行動をうながす意思が即座に確立される時、そこには自己の自主性と精神の強さが要求されるのである。英語の文法が証明することは、彼らは、自己の自主性と精神の強さによって物事を決定するということである。「私は朝食を食べる」という行動だけに留まらず、あらゆる行動を成す時、物事を決断する時、煮え切らない態度や躊躇を回避し、意思を直接的行動に即座に移行するのには、自主性と精神の強さが要求されるのである。すなわち、強い信念を持つことが要求されるのである。彼らは、心の揺らぎや曖昧さと妥協できる精神によって、物事を中途半端にいつまでもだらだらと引き延ばしたりはしない。彼らの意思決定は迅速であり、その決定事項は堅牢であり、そしてその行動もまた迅速に行われるのである。彼らは直接的であり、間接的に回りくどい対応を取ることは、構文上不可能なのである。彼らは強い信念の下で行動する人々なのである。

一方、日本語は、主語の次に目的語を挿入し、そのあとに意思と直結する動詞が来る。主語と動詞の間に一呼吸置いて行えばよいということである。そのことは、意思決定を即座に行う必要はなく、いくばくかの間を置いて行えばよいということである。意思の配下で行われる行動は、精神的、時間的猶予の中で行えばよいということである。そこには、意思は変化することも取り消すことも可能であるという条件が存在し、常に他人の意見を考慮する必要性を脳内に留め置かなければならない、客体的本質を基調としているが故に、ということができる。一つの行動を成す時、自己の自主性や精神の強さによって成すのではなく、他人の意思によって、あるいは他人に依存して成す私たち日本人は、言語的構文上、自主性や精神の強さ、信念の強さを育むようにはなっていないといえるのである。

アクセントの重要性

誰もが知るように、英語は、A・B・C・Dで始まり、X・Y・Zで終わる文字の連なりで構成されている。言葉の一つ一つは、これらの文字を使用して成り立っている。私たちが通常使用する英和辞典を開くと文字を連ねて構成された言葉の読み方、発音を表記した部がある。その発音表記の文字の上に小さく、「ˊ」や「ˋ」の記号がついている。その「ˊ」や「ˋ」はアクセント記号と称し、ほとんどの言葉に存在する。そのアクセント記号が意味することは、その記号がついている個所は強く発音しなければならないという指示を与えることである。あらゆる言葉にと表現しても過言ではないほど、ほとんどの言葉は強く発音する個所を有している。名詞、動詞、副詞、形容詞……においても、街名や市町村名や会社等の名称においても、人々の持つ氏名においても、例外なくアクセントによって強く発音する個所が存在する。このアクセントを抜きにして、彼らは言葉を理解するのに容易ではない。アクセントをつけず、言葉を平坦に発音した場合、その言葉を理解するのに必ずや苦心する。

私たちの日本語も、言葉上アクセントをつける個所を有さないわけではない。単語の一つ一つには、アクセント的要因を必要とする個所が存在する。国語辞典を参照してみると、日本語のアクセントは、単語を構成する「拍」（日本語の音の長さの単位）を発音する際の高低によって決まる、とされている。そして全ての単語のアクセントは、一拍目と二拍目に音の高低の変化がある、とされている。私たちの日本語は、単語の一つ一つを構成する音節を、拍子を取るように発音することによって成り立っている、そして音節に強弱をつけるのではなく、高低の変化をつける、と表現できるものである。全ての単語のアクセントは、一拍目と二拍目に高低の変化をつけるということは、三拍目以降においては、高低の変化をつけず平坦に発音することが可能である、と理解できる。英語におけるアクセントは、特定の音節に強弱をつけることであり、日本語におけるアクセントは、音節に高低をつけることである、それも、一拍目か二拍目に限って。うがった見方をすれば、日本語は小さなひそひそ話に向いているが、強弱をつけることによって成り立つ英語はひそひそ話には不向きといえる。

英語におけるアクセントは何を意味するのかを説明してみると、会話を通して意思の疎通を図ることを前提とする彼らにとって、言葉の一つ一つは自己の表現であり、自己の主張であり、口から発した言葉は会話の対象者に正確にとらえられなければならない。アクセントを適切な個所につけることによって、その言葉の正確性をより確実にすることが可能となる。対象者の耳に正確に届き、胸の内で正確に理解される。これは、言葉上の誤差が生じて意味を取り違えられたりしないように、そして自己の主張が歪んでとらえられたりしないようにするための技法である。口から発した言葉の内容が、意味を取り違えられたりすることなく対象者に届くようにするための技法であり、自主的な思考行程を持つ人々の、主体的に行動をする人々の、そして会話を尊重する人々の技法であると認識できるのである。日本人の言葉は総じて音節に強弱をつける個所は存在しない。他人に対し、耳障りにならないように自己を控えめにしなければならない、客体的資質において使用されるからである。

確たる「主語」を挿入する

英語におけるもう一つの特徴的な事象は、言葉の中に必ず主語を挿入する、ということである。一人称、二人称、あるいは主語的要因を持つ名詞や代名詞を必ず挿入しなければならない。わたし、あなた、わたしたち、あなたたち、それ、あれ……といった主語を挿入しなければ、文法上言葉を構成することはできない。ただし、小説や詩や歌のように人の感性に訴え掛ける文体を主軸とした分野においては一概にそうとは限らないが、人の理解力に訴え掛ける会話に類する分野では、必ず主語を挿入する必要があるのである。

会話が成立するためには、一人称である、わたし、わたしたち……と二人称である、あなた、あなたたち……が存在し、話し手と聞き手が存在する条件が必要である。いかなる条件下であっても、会話は一人では成立しない。会話は、二人あるいは二人以上の人数がいた時、成立する。わたしによって始められた会話は、その対象者であるあなたへ向けて発信される。その時、英語の世界では、わたしは会話の主であることを認識し、対象者であるあなたへ向けて発信していることを認識する。わたしやあなたを構文上挿入することによって、わたしの存在を明確化し、同時に、聞き手である対象者あなたをも明確化するのである。そのことは、わたしによって発せられた会話は一方的なものではなく、対象者であるあなたの存在を重要視することによって行われていることを証明する。そして、自己のわたしと聞き手である対象者のあなたとの間にまぎれもなく意思の疎通を図るための会話であることを証明する。彼らは、あらゆる会話の原点は意思の疎通を図ることであり、意思の疎通のないところに、どのような会話も成立しないと認識している。確かに会話が成立する状況を考慮すれば、その状況判断によって、誰と誰の会話であり、誰から誰に話し掛けていることかは理解可能である。しかし、会話を尊重し、会話を重要視し、自己主張する彼らは、状況判断によって得られた情報を下に、わたしという主語を、あなたという主語を省略してもよいとは認識しないのである。わたし、あなたは、必要不可欠な、省略不可能な主語として構文上要求してくるのである。

日本語で「私は朝七時に起きます」という時、英語では、I get up at 7 o'clock in the morning（アイ ゲット アップ アット セブン オクロック イン ザ モーニング）となる。この場合、人称代名詞であるIは、文構成上必ず存在しなければならない主語である。それは「私」に関した事柄であることを明確化し、主張するからである。Iを省略しては文構成は成立しない。Iは省略不可能であり必ず存在しなければならない。日本語では「私」という主語を省略し、「朝七時に起きます」ということは可能である。「私」という主語を省略しても文体は成立するし、文法的に間違いであるとはいえない。また、「あなたは朝何時に起きますか？」という疑問形の場合、英語では、What time do you get up in the morning？となるが、この文章の中でも、主語であるyouは省略不可能であり必ず存在しなければならない。しかし日本語では「朝何時に起きますか？」と主語である「あなた」を省略しても文構成は成立するし、意味不明とはならないのである。

彼らは必ず主語を挿入して言語を構成するが、私たち日本人は、多くの状況下で主語を省略して言語を構成する。彼らの会話は、主語である人称の存在なくしては成立しないのであるが、日本人の会話は、主語である人称を省略しても成立するのである。日本人の社会では、意思の疎通を原点に置いて互いは会話を営んでいるのではない。会話は常に「かたがき化」した人物との相互関係において営まれているため、内面性によりどころを持つ意思の疎通を前提としていない。

従って、主語である「私」や「あなた」を必ず明確化する必要はないのである。

どの国の、どの文化圏の言語にも必ず文法は存在する。その文法を考察してみると、その言語を使用する人々の行動形態や思考行程が理解できる。同時に人間性や人生観も理解できるのである。ヨーロッパ諸国やロシアの言語は、文法的には英語的であり、主語・動詞・目的語の順に並ぶ基本形態は英語と同一である。アラビア語においては、主語・動詞・目的語、あるいは動詞・主語・目的語と並びの基本形態が二つ存在するが、ただ、主語と動詞の順は緊密であるため、英語に準ずる文法と相違を大にするものではなく英語的であるといえる。中国語と英語は、似ていると考慮することは疑問を呈しがちであるが、しかし、文法の基本形態は英語と同一であり、主語・動詞・目的語の順に並ぶ。多少の相違は存在するものの大きな隔たりは存在せず、中国語もまた英語に準ずるといえる。

構文の基本形態を同一にする国の人々は、その思考行程や行動形態も同一であり、従って、英語圏とアラビア語圏と中国語圏とロシア語圏の人々は、互いを理解するのにそれほどの困難を有さないのである。言語的基本形態を異にする日本人との間では、互いを理解するのに非常な困難を有するのである。

自己を主張する。個性を持つこと

彼らは、わたしを明確化し、自己の存在を明確化し、そして自己を主張する。同時に彼らは、あなたをも、会話の対象者であるあなたをも明確化し、あなたの存在をも明確化する。そして、あなたの主張を聞き取る。

自己を明確化し、自己の存在を明確化し、そして自己を主張する人々を、別の言葉で表現すると、個性的な人々ということができる。彼らは、個性的である。他人と異なる個性を持つことに価値観を見出す。自己の持つ特徴、能力、人間性において、他人と異なることに自負心を抱き、独創的であることに喜びを見出す。彼らは個人技を磨くことに懸命である。

私たちの国日本では、みんな一緒という概念を人々の信条とするが、彼らの国では、アウト・オブ・オーディナリーという概念を人々の信条とする。アウト・オブ・オーディナリーとは、みんな一緒という概念の対極にある概念で、みんな一緒の反対語である。すなわち人と変わった人、人と同様の生き方や人生観を持つより、人と変わったことをし、変わった生き方をし、変わった存在になることを意味するのである。彼らは他人を模倣することや他人に歩調を合わせることや、他人の意見に追従することを思想として頭の中に育むことはできないのである。他人が所有するブランド商品に心を惑わされることなく、自己が気に入るものを着、自己に似合った着こなしをし、そして自己を前面に押し出すことに執着心を燃やす。彼らは他人の評価において何事も成立するものではないと信じる。自己の主体的行動において何事も成立するものだと信じるのである。

時に私たちの国でも、あの人は個性的だ、と称される人々の存在を認識することがある。性格が強く、他人の模倣を嫌い、自己流を遂行し、稀有な存在として知られる人物がいる。確かに、個性的といわれる人物かも知れない。しかし、主体的人々との間には大きな相違を確認することができる。私たちの国で個性的といわれる人物は、いずれも自己の個性的資質は承認するとしても、他人の持つ個性的資質を承認するにはいたらない。他人の持つ個性は尊重すべきものである、という思想を持つにはいたらないのである。

デニス一家のその後

何度も繰り返すようであるが、彼らは自己の自主性において行動する人々である。他人に依存することを良しとはしない。他人に頼ることを回避し、自己の独立的精神を支柱として行動することを本望としている。私がかつて滞在したホーブのデニス一家の子供たちの成長は早い。何年か前に私が最後に訪問した時、私が滞在していた時三歳だった一番下のブライニーは、すでに親元を離れて職を得、自活していた。彼女は一人の独立した人間として、親に依存することなく、自分の力で自分の人生を切り開く途上にあった。家に背を向けて玄関を出て家族の元を離れ、帰属的生活に終止符を打ち、自主と独立の下、自分の生き方を模索していた。ブライトンの商店街として名高いケンジントン通りに面したアンティークのジュエリーショップで、サブマネージャーとして働いていた。彼女は、自主と独立の下、主体として存在し、主体として行動していた。

世界に目を向けると、自主と独立を信条とする人々で成り立つ多くの国々で、州や自治区の独立問題が存在していることに気づく。記憶に新しい中で、スコットランド地方のイギリスからの独立問題が話題になった。イギリスではスコットランド地方、スペインではバスク地方やカタルーニャ地方、カナダではケベック州、そして長年くすぶる中国におけるウイグル自治区……。いろいろな国々で独立運動は表面化し、あるいは潜在化している。また、旧ソビエト連邦下にあったいくつもの国々が、現在では独立国として存在している。ベラルーシ、アルメニア、アゼルバイジャン、グルジア、カザフスタン、ウズベキスタン、キルギス、エストニア、ラトビア、リトアニア……。自主的に行動する人々は、他人に依存することより、帰属的に生きることより、独立を選択するのである。たとえ多くの困難が前途に横たわっていようとも、独立し、自分たちの力で自分たちの国を作ることを選択するのである。確かに、単一民族で成り立つ私たちの国とは違い、多民族で成り立つ国の事情は、複雑で奥深い要因をいくつも持ち合わせているが故に、ともいえる。いつまでも尽きない根深い対立心が土壌深くに息づいているから、ともいえる。しかし、彼らは、自主的で旺盛な独立心を所持しているからこそ、民族問題を取り上げ、同時に民族意識を駆り立てて、独立への道を推し進めようとするのである。

それに反して私たちの国では、独立とは対照的に、昭和の合併、平成の大合併と、多くの市町村が合併を繰り返してきた。市が隣接する町や村を、町が隣接する村を吸収して大きくなった。行政は人口五十万人以上を基準とする都市基準を設け、いくつもの政令指定都市を定めた。人口の多さをよりどころに、政令指定都市という名称を設けた。困難に立ち向かう強い精神力や独立心が育まれていない土壌では、長いものに巻かれ、強いものの配下にあることに優越感を抱くのである。

一貫した主義の主張

自主と独立は彼らにとって全てであり絶対的哲学である。彼らは、この自主と独立を終生の哲学として生き、社会を、政治を、経済を形成しているのである。この哲学は、決して軟弱な精神性の上に構築されるものではない。強い精神性、強い信念を土台としなければならない。自主的に生きるということは、独立的に生きるということは、強い信念の持ち主でなければ可能とならないのである。

強い信念を所持する人々は一貫した思想の持ち主であり、同時に主義の分野においても一貫している。彼らは、揺らぐことのない信念とともに主義を訴え、国政に参加して理想的な国の在り方を追求する。一貫した思想に裏打ちされた主義を反映した国政であることを要求する。自分の主張を通して、腐敗や賄賂が横行する国政を改革しようとする。また彼らは、二者択一を主眼として国政に参加する。そして、大統領派か反大統領派か、共和党か保守党か、政府軍か反政府軍か、民主主義か独裁主義か……を選択する。強い信念と一貫した主義によって、国政に賛同し、あるいは反旗を掲げる。自分が正しいと信じる主義によって国政に賛同し、あるいは反旗を掲げる。彼らは、自分の主張を通して国政を改革しようとする。独裁的で軍事的な体制を打破し、誰もが市民権を得られる平等な国を作り上げようと主張する。

時として、彼らの世界では、互いの主義の主張による衝突が発生する。双方とも、自分の信じる主義を絶対視するが故に、その主義はひるがえすことも撤回することもできず、摩擦やあつれきを生じさせ衝突へと発展していくのである。二〇一〇年から二〇一二年にかけて起きた「アラブの春」と称されるアラブ世界を席巻した、民主化を要求する若者や市民による大規模な反政府抗議活動と、それを実力で阻止しようとする政府側との衝突、一九八九年六月、民主化を要求して、中国・北京の天安門広場に集結した学生や一般市民を巻き込んだデモ隊と、それを武力的に弾圧しようとした中国人民解放軍との衝突、二〇一四年七月、香港における中国共産党一党独裁に抗議し、民主主義的選挙を要求して座り込む五十万人規模のデモ隊と、そのデモ隊を排除しようとする香港警察隊との衝突、いつ終決するとも予想のつかない中で繰り広げられる、政府軍と親ロシア派軍が衝突するウクライナ情勢。

二〇〇一年九月十一日、アメリカで起きた同時多発テロ、死者三千二十五名、負傷者六千二百九十一名を出し、全世界に衝撃を与えた史上最大規模のテロ事件、二〇一五年十一月十八日、百二十八名の死者と三百名もの負傷者を出した、フランスにおける同時多発テロ事件。これらもまた、主謀者とされるアルカイダやイスラム国の、強い信念に支えられた一貫した主義の主張に他ならないのである。

他の世界でも、多くの類似的事例を見ることができる。強い信念を土台とした一貫した主義の主張は、双方とも過激さを増幅させ、多くの死傷者を出している。互いは譲ることも折れることもなく、闘争は根深い確執となって遺恨を残す。そしていつ果てるとも知れない戦いは歴史に名を残すのである。理性や道徳心で制御できるものでも回避できるものでもない。彼らは、思想的闘争、イデオロギー的革命を成し得る人々であり、血なまぐさい闘争を決して厭うものではないのである。

彼らの世界では、革命的闘争はどの領域においても起こり得るのである。強い信念を持たない私たち日本人は、政治家さえもその時々の風を読み、民主党員が自由民主党員に鞍替えしたり、社民党員が無所属議員になったり、政策的主張をひるがえしたりする。主義を変更し、思想を変更し、行動を変更する。簡単に本意をひるがえすのである。私たちは、第二次世界大戦中、国を挙げて対戦国を鬼畜米英と称していた。鬼畜とは、鬼と畜生を意味するものであり、私たちは米国人を残虐非道な鬼と認識していた。その彼らが、一九四五年八月十五日の終戦を期に、戦勝国として日本統治の名目でマッカーサー元帥を筆頭に日本本土に降り立つや否や、日本人の誰もが、子供から老人にいたるまで全ての人々が、昨日とは打って変わって、愛想の良い微笑を見せて頭を下げ、手を振って歓待の意を表明した。そして彼らは実際歓待されたのである。誰一人として抵抗するものや、地下組織を形成してゲリラ的に抗戦するものはいなかった。上陸したアメリカ兵たちは、反抗をもくろむ人々を警戒して皆銃を携えていたが、二、三日もすると銃を置いてくつろぐことさえできた。日本以外の国ならどの国でも、たとえ戦いに敗れたとしても、必ず反抗する勢力が存在して何らかの抵抗を試みるのであるが、私たちの国ではそのようなことは皆無であった。そのことは、アメリカ兵たちにとって理解不可能な事象であった。強い信念とともに一貫した主義を持つ人々にとっては、大きな理不尽だったのである。

主観的感性において

主体として存在する人々の特徴をさらにつけ加えるなら、彼らはあらゆる物事に対し主観的に対応すると認識できるのである。彼らは自己の存在を優先的に考慮し、自己を中心に、思考行程を、行動形態を育むのである。たとえば、車を開発する条件において、どのような原理を主軸としているかを述べてみると、彼らは、自分が車を運転した時のことを想定して車を開発するのである。事故に遭遇した時、できる限り人的被害を軽度にすますため、車体を頑強にする。ブレーキのきき具合やハンドルのさばき具合を重要視する。また、シートベルトやエアーバッグ等の安全装置も極めて重要な問題となる。ところが私たちの国では、他人のために、自分のためにではなく他人のために、車を開発するのである。他人のために作る車は、当然ながら他人の評価を重要事項として考慮するのである。エンジンのかかり具合、エンジンはどのような気象条件の中でも一発でかからなければならない。また、ガソリン一リットル当たりの走行距離や座席の座り心地、荷物用の空間の確保や車内部の装置の充実性に特別の注意を払うのである。

おいしい、と思いながら自分が食しているものを他人に分け与え、そのおいしさを共有してもらおうとする時、彼らは、この菓子はとてもおいしいですよ、あなたも食べてみませんか、と勧める。彼らは、自分がおいしいと思うものを他人に分け与える時、主観的概念に基づいて、おいしいものと表現するのである。私たち日本人は、他人に菓子を分け与える時、たいしたものではありませんが、とか、口に合うか分かりませんが、とかいいながら勧める。自分にとってその菓子はおいしかったけれど、他人はどう思うか分からない、もしかしたら、おいしくないと思うかもしれないと他人の心の内を推察し、他人の信条に力点を置く。主観的な彼らは、菓子を分け与える時でも贈り物をする時でも、きっとその菓子は、その贈り物は気に入りますよ、といって手渡す。なぜなら、私がおいしいと思った菓子だから、私があなたにふさわしいと思って選んだ贈り物だから。決して、口に合うか分かりませんが、とか、つまらないものですが、とかはいわない。彼らは、他人の心の内に力点を置くことより、自分の心の内に力点を置いて、主観を優先させるのである。

レストランのシェフは、自分の持つ熟達した技術を駆使しながら調理を行う。最良の料理を心掛ける。味つけに自信を持ち、出来栄えに自信を持ち、自分が満足した料理を客に提供する。もし、客の一人が、この味つけに不満を抱いて苦言を呈したとする。自分の好みの味ではないと注文をつけたとする。しかしこのシェフは、客の申し出に呼応して、次から味加減をその客に合わせたりは決してしない。客がまた来て前回と同じ料理を頼んだとしても、このシェフは、前回と同じ味つけの同じ内容の料理を提供する。彼は、この料理は自分が満足した料理であり、自分が納得した料理であり、客に提供する料理としてふさわしいものであると認識している。彼は客の要求によって味加減を変更したりはしない。彼は主観的感性において長い年月、料理の腕を磨くことに専念してきた。彼が提供するこの料理は、食材、味つけ、盛りつけの全てにおいて納得できるものである。この料理は、彼の主観的感性に刻み込まれた全てであり、彼はこれ以上の料理もこれ以下の料理も作ることはできない。この料理の出来栄えの善し悪しは、彼自身によって判断されるべきものであり、他人の評価によって判断されるべきものではない。この料理に価値をつけるのは彼自身であり、他人ではない。主観の中で調理した料理は、主観の持ち主である彼自身によって、その価値は認定されるべきものである。もし、もう一度その客が来店し、味加減に注文をつけたとしたら、このシェフはその客に退席を要求し、二度とこのレストランに来店することのないようにいい含めることになる。

私たちの国では、客が味加減に注文をつけて別の味つけを要求すると、すぐさま客の要求通りの味つけに変更する。しかしこのシェフは、彼自身納得した料理はどのような条件下においても、変更することはしないのである。

また私たちの国では、新鮮な海の幸や山の幸を使用してという謳い文句を提示して料理の醍醐味を宣伝し、客を魅了する糧としているが、主観的人々にとっては新鮮な海の幸や山の幸を使用することは当然のことであり、ことさらこのような謳い文句を並べ立てる必要はないし、いかなる謳い文句も並べ立てる必要はない。なぜなら、料理は常に自分自身が納得したものでなければ、客に提供することができないからである。古い食材を使用したり手抜きをしたり、けち臭い盛りつけをしたりすることはできない。常に主観的感性に基づいた自信作でなければ、提供することができないからである。

自分の道は自分で切り開く

主体的人々の信条は、他人に依存することを良しとはしない、ということである。そのことは、何事も自分自身で達成しなければならない、ということに他ならない。彼らは、親のいうことを聞いて自分を成長させるものではない、教員のいうことを聞いて自分を成長させるものではない、上司のいうことを聞いて自分を成長させるものでもないと理解している。彼らは、自分を成長させるものは自分自身である、ということを理解している。そして、自分の道は自分自身で切り開かなければならない、ということを運命的事象として認識している。

従って彼らは自分で、何をやるべきか、どのような人生を歩むべきか、見つけ出さなければならない。自分の能力と嗜好に合致したものを見つけ出さなければならない。彼らは子供の頃から、自分に備わった能力を伸ばすように努力をする。親や他人は、干渉において、その能力にけちをつけたり、否定的要因を並べ立ててその能力を押しつぶしたりするようなことはしない。親や他人の権利は、子供の権利より勝るものでも優れたものでもない、と彼らの社会は認識している。親や他人は、子供を一人の人間として見守ることを、必要不可欠な最良の育成条件として認識している。

彼らは、学習において、自分の能力を磨くことにおいて貪欲に取り組んでいく。自分の責任の下で学習し、能力を磨くことに懸命に努力する。そして、将来に対する、人生に対する方向性を見出していくのである。時に、最良の努力をしても期待とは裏腹に失敗を招くことがある。その方向へ向かって行く途中で予期せぬ事柄に遭遇したり、逆の方向へ向かっていたり、無意味な方向へ向かっていたりし、自分の位置を見失うことがある。そんな時、彼らは親に、教員に、友人にアドバイスを請う。恥じることなく実直に、忌憚なくアドバイスを請うのである。そして自分の意図する方向へ、正しい方向へ立ち戻るのである。たとえ失敗したとしても、挫折感を抱いたり、引っ込み思案に陥ったり、絶望的になったりはしない。失敗の要因を取り除いて自分を見つめ直し、自分の意図する方向へ向かって新たに構図を描き直すのである。周囲の人々の目は、彼を敗者として認識し、敗者という「かたがき」を付与したりはしない。嘲笑や非難によって侮辱を与えたりはしない。いつの日か、目指す目標に到達することが可能になるように切望するのみである。

主体的人々の根っこにあるもの

この、自主と独立において存在し、他人に依存することを良しとしない人々を別の観点からとらえた時、彼らは競争の原理を基調として行動形態を育んでいると表現することができる。競争の原理は、肉体的競技を披露するスポーツの世界だけに留まらず、彼らの日常の中に、生活環境の中に、すなわち、いたるところに存在するといっても過言ではない。彼らは自主と独立において自己を主張し、そして自己を磨く。それは、彼らが生息する環境に身を置く全ての人々が、万人が所有する宿命的要因である。彼らは自分の能力によって、道を切り開くことを信条としている。他の人々もそうである以上、同じ目標へ向かって何人かの候補者が存在し、その候補者に打ち勝つ努力をする時、そこには競争の原理が必然的に発生するのである。彼らは、遠慮することや気兼ねすることを概念として持ち合わさない人々であり、誰もがその目標へ向かって能力的に進み、その目標をつかみ取ろうとする。

彼らは日常環境の中に、多くの競争の原理を主軸とした条件を持ち合わせている。たとえば、父親と息子が母親の気を引こうとして競い合ったり、恋人をめぐって互いが競争したり、職場における一つの魅力的なポストをめぐって何人かで競争したりする。また、政治、経済、軍事の領域でも競争に打ち勝つため、能力的開発や戦略的攻撃を何の躊躇もなく実行していく。自主と独立において自己を主張し、他人に依存することを良しとはしない人々は、本質的に競争の原理を通して自己を成長させていくのである。

彼らの社会は、国は、能力主義を、実力主義を実践する人々によって構成されている。能力を持つものが、実力を持つものが勝利者となるのである。その条件において、彼らの社会では格差が生じやすいといえる。彼らの社会の格差は、貧富の差は能力及び実力の差によってもたらされるといえる。彼らは、己の能力と実力によって競争に勝利し、富と権力と幸を手に入れようとするのである。

主体的人々の本質を要約すると、そこには、力の存在を認識することができるのである。彼らは、この力において、人間社会のあらゆる条件を克服しようとする人々である。

力とは、自主と独立において行動するための力であり、一貫した思想を持つための力であり、自己主張するための力であり、強い信念を持つための力であり、政治的主義を主張するための力であり、敵対する状況を征服するための力であり、個性的であるための力であり、決断を下すための力であり、他人に依存しないための力であり、自己の存在価値を主張するための力であり、他人の評価に異議を唱えるための力であり……。彼らは、この力によって人間を形成し、文化を形成し、社会や国を形成しているのである。主体的人々の根元に位置する重要なファクターは、力において他ならないのである。

結びに

「日本人とは何者なのか」を問い続けて

「家」との因果関係において、家庭の中に、家族の間に、階層制度を培い、地位や立場を明確化してきた私たち日本人は、他人を第一義的存在だと認識し、自己は第二義的存在だと認識してきた。そして、自己は客体であるという哲学を基準としてきた。自己が存在するから他人は存在するのではなく、他人が存在するから自己は存在するという法則において人々は人生を営んでいる。あらゆる生活様式、あらゆる社会様式はこの法則を土台として形成されている。

客体として存在する私たちは、優位的存在である他人を常に意識下に置かなければならない。そして、他人との相互関係において、立て前の論理、かたがき化、曖昧さ、みんな一緒、模倣癖、仲間意識、干渉癖……といった概念や在り方を育んできた。また私たちは、控えめであり、消極的であり、受動的であり、遠慮がちであり、でしゃばらず没個性的であり、慎み深くておとなしい……という資質を美徳として育んできた。これらの資質は優位的存在である他人から反感を買わないようにするための、悪い評価を回避して良い評価を得るための、必要不可欠で重要な因子であり在り方であると誰もが認識している。

私たちの言動の根幹に位置する理念は、他人に同調する、他人に歩調を合わせるということであり、一般常識化した誰にも共通の概念の下、意見をいい行動することであり、自己独自の能力や資質を根幹とする個性においてではない。私たちは自己を主張する人々ではない、また個性を主張する人々ではない。私たちは主体として存在する人々ではない、客体として存在する人々である。私たちは、客体的本質を基軸として、日本人という民族性を形成し、伝統文化を形成し、国を形成し、社会を形成し、あらゆる分野における形態を形成してきたのである。

ただし、客体的本質は、何も全てが否定的に理解されるべきものではなく、肯定的側面も十分定義づけることが可能である、といわなければならない。曖昧さと妥協できる精神は、柔軟性に富んでいることの証拠であり、政治家が精神的苦痛や悩みを伴うことなく右の党から左の党へ鞍替えすることは、その時々の風を読んで自分に有利な状況を判断し、臨機応変に要領良く対応する術を身につけているということである。商品開発において、あるいはレストランの調理において、他人の要求や嗜好を第一に考慮することは、他人を満足させることを意識するが故にである。他人の喜ぶ顔が見たいという言葉をよく耳にする。この言葉は、この国の標語的言葉として多くの人々が口にしているが、これも他人に柔軟に合わせることができることを意味しているのである。でしゃばらず、遠慮深く、おとなしければ、禍の種が発生しにくいということであり、世の中を丸く収めることができる手法ともなる。没個性的で自己主張を控えて慎ましければ、周囲に波風を立てる要因を少なくすることができ、物事を穏便に済ませることができるということである。私たちは強い信念を持ち合わせていない。強い信念を持つということは、自我を押し通すということであり、自分の考えを曲げずに利己的に物事を推し進めようとすることに他ならない。互いが自己を主張すれば、そこには必ず意見の相違による対立が発生し、口論や喧嘩が絶えないといえる。消極的であれば、過激な論争やイデオロギー的革命とは縁遠いものであり、死傷者が続出する血なまぐさい行動は慎まれることになる。また、他人に同調することを本意とし、みんな一緒という概念を信条とすれば、その連帯的行動によって企業経営は効率良く成果を上げることが可能となる。他人がすることは自分もしなければならない、他人ができることは自分もできなければならないという思想は、不変性を持ってこの国の津々浦々まで浸透している。たとえ個々の力は未熟で劣っていても、みんなが一致団結して物事に当たれば、何事もやり通す大きな力へと発展していくのである。この国は第二次世界大戦後、焦土と化したあの焼け野が原から半世紀の時を待たずしてものの見事に立ち直り、経済大国として世界のリーダー役で成り立つG7の仲間入りを果たした。国内総生産は中国に抜かれるまで、アメリカに次いで世界第二位の座を長期に亘って守り、今にいたっても世界第三位の座を守っている。

衆目の事実として、数え切れないほど多くの日本企業が海外へ進出している。海外に進出して活路を見出す企業、あるいは国内に留まって奮闘する企業、それらの企業が生産する製品は、優良製品として世界中に知れ渡っている。高い技術力に裏打ちされた家電製品や車は、その品質において世界のトップクラスを維持し、生産量や販売実績も世界のトップクラスを維持している。国の内外を問わずして数多くの日本企業が優良製品を作り続け、メイド・イン・ジャパンの名を欲しいままにしているのである。

企業ばかりでなく、数え切れないほど多くの日本人が海外に活躍の場を広げている。ゴルフ、テニス、野球、バスケットボール、サッカー、バレーボール、クラシックバレエ、演奏、芸術、研究、デザイン……と様々な分野に従事する人々が有名無名にかかわらず海外に拠点を移して頑張っている。

スポーツの祭典といわれる、夏季・冬季のオリンピック競技における金メダル・銀メダル・銅メダルの獲得者数は数え切れないほどであり、世界の強豪たちを相手に奮闘しながら大活躍を見せている。研究や学問の世界では、その分野における権威の最高峰といわれるノーベル賞受賞者は年々数を増やしている。一九四九年、湯川秀樹博士がノーベル物理学賞を受賞して以来、今日、二〇一六年末日にいたるまで、二十五名の受賞者を輩出している。長年、世界の物理学者たちが必死に探し求めていた青色発光ダイオードの発見を成し遂げ、電気の世界に画期的革命を誕生させたのは日本人物理学者であり、その貢献度は地球規模的であり世紀的でさえあるといえるのである。今まで質量を持たないとされていたニュートリノに質量が存在することを突き止めて発表したのも日本人物理学者であり、驚嘆の事実として世界中から注目を集めている。近年、医学、化学、物理学の分野における日本人の活躍は目覚ましく、世界を牽引するリーダー役を担っているといっても過言ではない。

私たちの身の回りの身近な事例に観点を移してみると、そこにもやはり日本人的というにふさわしい光景を認識することができるのである。各家々の周囲は常に掃き清められ、垣（根）は剪定されて整然とし、庭には花壇を拵えて花々を植えている。四季の彩りをどの家からも鑑賞することができる。人々が行き交う大なり小なりの道々は、近隣の誰かの好意によってゴミが拾われ、奇麗な光景を見せている。大通りに連なる街路樹は枝々を丹念に切り取られて形状を整え、景観を損なうことのないように気配りがなされている。この街に、この地域に生息して活動する人々は、洗濯の行き届いた衣服に身を包み、清潔感溢れる様相を呈しながら日々を営んでいる。街、家々、人々はいずれも美的外観を損なうことがないように細やかな心遣いを忘れてはいない。常に他人を意識下に置かなければならない人々の感性は、繊細な気配りの妙に支えられ、どこへ行っても他人への配慮を痛感することができるのである。

これらの事例を対象として、客体的日本人が営む社会的概要を理解したなら、決して否定的領域だけではなく、肯定的領域もまた数多く存在していることに気づくのである。国、街、地域、そして社会は、否定的要因だけでは存在し得ないのであり、どのような文化形態においても、肯定的要因がそこに存在しなければ、人々の社会生活は成り立たないといえる。人の世は東西南北を問わずして、いくつもの長所といくつもの短所によって構成されているのである。

今、現在、社会全般を見渡した時、父親の地位や立場、母親の地位や立場、家族を構成する一人一人の地位や立場は、以前ほどその重要性が考慮されているものではない。階層制度に準ずる地位的序列は、家族間でそれほど重い価値観を持つものとは限らなくなっている。時とともに、生活様式、概念、人生観はまぎれもなく変化し、人々が創造する社会形態もそれなりの変革を見せている。

近年では、家の中に床の間を拵える家自体が減少し、床の間の存在すら知らない人々もいる。また、家の内部名称は、居間はリビングであり、台所はダイニングキッチンであり、押し入れはクローゼットであり、板の間はフローリングであり、屋上の小屋はペントハウスであり……と、外来語が上手に溶け込んでいる。家族形態も変化し、父親はかつてのように父親たる権威を主張して何事も優先順位の第一番手を授かるしきたりは、希有になってきている。子供たちは、父親や母親をパパやママと呼び、無遠慮で馴れ馴れしい接近法を身につけ、格式と慎ましさの中で接していた過去の形態は、いずこへか去ったように見える。

しかしながら、この国の個々は、その存在性を主張し、行動力や判断力を身につけ、自主的に、独自的に物事に対応する能力を持ち合わせているものではない。どこの家庭にも、どこの社会にも、自主と独立において存在するものはいない。また誰一人として、自己の存在価値を要求するものはいない。そして、他人の存在価値を尊重するものはいない。性別、年齢、世代による多くの差別や偏見がこの国のいたるところに今なお色濃く存在していることは、否定できない事実である。まだまだ私たち日本人は、旧態依然とした文化的土壌に支配されている。自己の存在価値は、他人の思想が紡ぎ出す評価によって定義づけられるものであり、自己自身の人格や人間性においてではない。私たちは、他人の評価を否定するだけの強い力を持ち合わせていない。強い信念の下で自己を確立し、自己が存在するから他人が存在するという主体的本質を持ち合わせていない。「家」の持つ強制力によって、その「家」の付属物と化した私たち日本人は、やはり客体的本質において存在するといわなければならない。従って、日本人とは何者なのか、この問いに言及した時、日本人とは、すなわち、客体である、という定義によって証明される宿命的人々、と答えることができるのである。

【完】

あとがき

ルース・ベネディクト女史は、『菊と刀〜日本文化の型』（ルース・ベネディクト 著、長谷川松治訳、二〇〇五年、講談社学術文庫。なお、本書は一九七二年、社会思想社から刊行された『定訳 菊と刀』を底本としている）において、見事な日本人論を展開させています。女史は文化人類学者の視点に立ち、比類ないほどの分析力を駆使し、日本人の特質を、日本人の本性を分析することに成功しています。日本人の精神性や行動形態は分解され、日本人の本質は如実に立証されています。

しかし、それでもなお、日本人の本性の全てを分析しているものではありません。私たち日本人は、いくつもの不条理を内包し、尽きせぬ魅力を所持している人々、と表現できると思います。私は、私自身、日本人の本性を突き止めるべく、十年余の年月を費やしてきました。私は、私たちが、今現在生きて、暮らし、日常を営む生活環境の中にも、日本人の本性を、日本人とは何者なのか、を知る手掛かりは数多く存在していると認識しています。私はそれらの手掛かりを参照し、同時に拠り所としながら自論（自らの論。考え方）を組み立てることにしました。そして、私たち日本人は、自主性、個性、独立心、自立心は所持せず、非自主的で没個性的で依存的で非本質的で、そして客体的存在であるという自論（自らの意見。考え方）に辿り着きました。

「二十一世紀に生きるものは、英語ぐらい話せなければならない」。この言葉は、南国の小さな島国で一介の農夫として生きた私の父の言葉です。私は三十代半ばの頃、語学習得の目的でイギリスの地へ渡り、そこで四年弱の年月を費やしました。ホーブ、ロンドンと居住区を変えました。この四年弱の期間に私は、イギリス人の人間性、人生観、そしてイギリスの文化的土壌に由来する、社会様式、家族形態、行動形態……等を学習することができました。私は帰国してから、私立の語学学校で勤務し、数多くの英語教員やラウンジスタッフ等と接することができました。私はそれらの外国人たちと接触し交流する中で、あるいはそれらの外国人たちと比較対照する中で、日本人は、客体であるという自らの論の正当性を認識することができました。

私たち日本人は、客体的人々であり、他人の評価においてその人間性が価値づけられる習性の下で、その日常を生きています。私たちの社会は、常に他人を意識下に置きながら、他人が存在するから自己は存在する、という方程式を理念とする人々によって構築されています。私たちは、日々他人事で明け暮れる人々です。そして他人の言動に翻弄されてしまいます。それでもやはり、私たち日本人は、どのような人間性を、どのような本質を所持していようと、今日という日を懸命に生きる人々、であるということにちがいはありません。

この書を出版するにあたりまして、人文書館の、道川文夫様、多賀谷典子様、そしてスタッフの皆様から数多くのアドバイスをいただきました。皆様の一方ならぬご努力とご尽力に対しまして、私の心は感謝の念で一杯に満たされております。

二〇一七年一〇月

有林重仁

カバー写真　「枝垂桜」（撮影：水野克比古）
協力　平安神宮

編集　多賀谷典子・道川龍太郎

有林重仁…ありばやし・しげひと…

1949年、鹿児島県奄美群島沖永良部島生まれ。
鹿児島県沖永良部高等学校卒。
ユーローセンター（英国ブライトン）、
フランセスキング・イングリッシュスクール（ロンドン）卒。
いすゞ自動車、富士通などを経て、現在は著述家。

日本人とは何者なのか、を問い続けて

発行　二〇一七年一〇月三〇日　初版第一刷発行

著者　有林重仁

発行者　道川文夫

発行所　人文書館
〒一五一-〇〇六四
東京都渋谷区上原一丁目四七番五号
電話　〇三-五四五三-二〇〇一（編集）
　　　〇三-五四五三-二〇一一（営業）
電送　〇三-五四五三-二〇〇四
http://www.zinbun-shokan.co.jp

印刷・製本　モリモト印刷株式会社

乱丁・落丁本は、ご面倒ですが小社読者係宛にお送り下さい。
送料は小社負担にてお取替えいたします。

ISBN　978-4-903174-38-9
Printed in Japan